舌尖上的餐飲店

Restaurant Management in China

决定餐饮店胜负的82个关键细节

绿色健康生活从《舌尖上的餐饮店》开始

创建绿色餐饮店，倡导健康新消费

刘建忠　秦瑞鹏　编著

廣東省出版集團
广东经济出版社

图书在版编目（CIP）数据

决定餐饮店胜负的82个关键细节 / 刘建忠，秦瑞鹏编著. —广州：广东经济出版社，2012.8

（《舌尖上的餐饮店》丛书）

ISBN 978－7－5454－1400－4

Ⅰ.①决… Ⅱ.①刘…②秦… Ⅲ.①饮食业—商业经营 Ⅳ.①F719.3

中国版本图书馆CIP数据核字（2012）第163916号

出版发行	广东经济出版社（广州市环市东路水荫路11号11～12楼）
经销	全国新华书店
印刷	广东省农垦总局印刷厂（广州市天河区棠东横岭三路11～13号）
开本	730毫米×1020毫米 1/16
印张	13.75
字数	232 000字
版次	2012年8月第1版
印次	2012年8月第1次
印数	1～5 000册
书号	ISBN 978－7－5454－1400－4
定价	30.00元

如发现印装质量问题，影响阅读，请与承印厂联系调换。

发行部地址：广州市环市东路水荫路11号11楼

电话：（020）38306055 38306107 邮政编码：510075

邮购地址：广州市环市东路水荫路11号11楼

邮购电话：（020）37601950 邮政编码：510075

营销网址：http://www.gebook.com

广东经济出版社常年法律顾问：何剑桥律师

《舌尖上的餐饮店》丛书
编 委 会

项目支持：

山西旅游职业学院
五台山五峰宾馆
山西天星海外海餐饮集团有限公司
北京黄河京都酒店管理（投资）集团公司
北京七宝帆大酒楼
净雅食品股份有限公司
深圳上海宾馆
深圳格兰云天大酒店
深圳市小香猪餐饮管理有限公司
秦皇岛四川大酒店
无锡锡州花园国际酒店
宜兴豪生花园国际酒店
山东蓝海酒店集团公司
太原同汇酒店管理公司
深圳市中经智库文化传播有限公司

前言

“十二五”规划提出：“把推动服务业大发展作为产业结构优化升级的战略重点，营造有利于服务业发展的政策和体制环境，拓展新领域，发展新业态，培育新热点，推进服务业规模化、品牌化、网络化经营，不断提高服务业比重和水平。”其中，餐饮业作为服务业的重要组成部分，也因此找到了一个新的发展机会。

在我国这个人口大国，离不开吃，人们对“吃文化”也有着独特的追求，如最近在中央电视台热播的美食纪录片《舌尖上的中国》，让人们接受了一回中国餐饮文化的洗礼，掀起了一股“美食潮”。当然，普通大众消费不能太高，再加上餐饮店投资小、门槛低，所以据不完全统计，全国大大小小餐饮店竟然有七八百万家，从业人员也是海量。经过金融危机，中国普通民众从大酒楼饭店向中小餐饮店流入。毕竟中国人口多，这是优势。同时，民以食为天，饭总要吃的，这就看你的餐饮店地理位置如何、服务如何、菜品如何、怎样经营、如何控制成本，等等。

基于此，我们针对目前的市场状况，组织编写了这套《舌尖上的餐饮店》丛书。丛书介绍了餐饮店急需了解和掌握的员工培训、成本控制、财务管理、细节管理的内容，增加了节能减排、绿色消费的理念，强化安全卫生管理要求，引导特色经营的新内容。4个分册介绍如下：

◎《舌尖上的餐饮店：白手起家，餐饮开店全程实战手册》主要从前期餐饮店项目选择、定位，到中期选址、装修、办理手续、设备人员配备，再到后期经营中的促销、菜品与服务质量控制、食品安全及餐饮店卫生各个角度进行了讲述。

◎《舌尖上的餐饮店：决定餐饮店胜负的82个关键细节》主要从餐饮店前期筹备、开业准备、基本服务、优质服务、菜品管理、餐饮店营销、成本控制、安全卫生各个环节共82个细节进行了讲述。

◎《舌尖上的餐饮店：餐饮服务员专题培训手册》主要以餐饮服务基础知识、餐饮服务日常礼仪、餐饮基本操作技能、餐饮菜品销售技能、餐饮服务应急技能、餐饮服务常用英语六个专题对餐饮服务员进行系统培训。

◎《舌尖上的餐饮店：餐饮店财务控制一本通》主要从财务架构与人员、营业收入管理、营业外收入管理、现金收入管理、结算管理、经常性费用支出、外包业务费用支出、人事费用管理、采购控制与管理、票据和纳税管理、财务报表管理、连锁餐饮店账务管理对餐饮店财务管理进行多方位讲述。

本丛书内容实用、理念新颖，可操作性强，是一套实用可行的餐饮店管理与操作实务读本，可供中小餐饮店老板、相关从业人员参考使用，以便于指导他们的日常工作。

编者

2012年7月

目录

细节管理一　餐饮店前期筹备

细节管理二　餐饮店开业准备

细节管理三　餐饮店基本服务

细节管理四　餐饮店优质服务

细节管理五　餐饮店菜品管理

细节管理六　餐饮店营销管理

细节管理七　餐饮店成本控制

细节管理八　餐饮店安全管理

细节管理九　餐饮店卫生管理

细节管理一

餐饮店前期筹备

细节01 投资开店，合理评估

餐饮店经营者在决定开一家餐饮店之前，首先要对自己进行一个客观合理的评估。看自己是否具备开餐饮店的条件，具体如下所示：

➤ 是否喜欢餐饮业

因为兴趣与爱好有助于工作的愉快和顺利开展，而热爱本职，也更有利于创业成功。当然，在考虑开餐饮店的过程中，光凭兴趣与爱好是远远不够的，还必须考虑自己是否具有投资餐饮店的专业知识和能力等。

➤ 盘点投资“家底”

开餐饮店要支付数额不等的接管费用、押金或加盟费等，在经营过程中还要支付一定的管理费，此外还有新店装修、房租、设备、人员工资等。没有足够的资金准备，即使开业了也是难以为继。所以，开店前应盘点一下自己的家底是否够开支。

通常，开餐饮店需支付的费用大致是：房屋租金约占营业额的10%；材料设备费约占营业额的35%；员工工资约占营业额的20%；税金和杂费约占营业额的10%～15%；水电燃料和消耗品费占营业额的8%～10%；设备折旧费约占营业额的5%。无论你投资50万元或100万元，都可以如此类推折算。

➤ 经营能力

所谓经营能力，对于经营者来说，就要具备开餐饮店的能力和特质。通常而言，餐饮店经营者应具备个性开朗，兴趣浓厚，经营管理能力，身体与年龄适宜。

➤ 投资餐饮知识

作为餐饮店投资者，必须掌握一些必需的餐饮知识，这样才不至于陷入投资失败的境地。对于内行人来说，也许不成问题，对于外行人来说，却是一个关键的问题。

【案例】

某地产商眼看目前地产行业不景气，决定转行投资餐饮，于是拆资近500万元，买下一栋四层楼的商品房用作开餐饮店、健身房和美容院等。投资商计划在一、二层建造桑拿浴室、美容院；三、四层为中餐厅。基本定案后，才去咨询餐饮管理公司。经餐饮管理公司“诊断”后发现了以下的问题：

1.厨房布局不合理。厨房间的洗菜池、洗碗池都很靠近煮食炉，换言之，日后厨师和洗菜、洗碗的杂工常常会发生“冲突”，影响了各就各位的正常的操作。并且由于大楼结构上的问题，排烟通风的条件非常差，无法装设排油烟设备。

2.没有储气间。没有加压设备和通风口。按规定，餐饮店储存一个立方以上的液化气，应该设立专门的存放间，需要有通风、防爆等设施，输送液化气应该使用密封钢管，开餐饮店没有这个基本设备，就等于埋下定时炸弹，随时都有发生爆炸的危险，而日后也会被消防部门查封。

3.卫生间在建筑结构上没有外窗通风，既没有按规定安设通达屋面以上的排气管，也没有安装机械排风设备。如果要完全改观，所花费的资金大约要30万元。

细节02　个人独资，慎重考虑

个人独资经营餐饮店，是指由一个自然人投资，财产为投资者个人所有，并以其个人财产对餐饮店债务承担无限责任的经营实体。这类往往规模较小，以大排档、快餐、小吃店、餐饮店、中低档酒楼居多。

➤ 优势

个人独资的优势主要有以下几点：

（1）经营上的制约因素少，开设、转让与关闭等，一般仅需向工商部门登记即可，手续简单。业主在决定如何管理方面有很大自由，经营方式灵活多样，处理问题简便、迅速。由于是个人独资，有关餐饮产品销售数量、利润、出品、财务状况等均可保密，这无疑有助于餐饮店在竞争中保持优势。

（2）与法人企业不同，个人独资企业只需交纳个人所得税，不需双重课税，税后利润归个人所有，不需要和别人分摊。

（3）对投资者而言，在经营企业中获得的主要是个人满足，而不仅仅是利润，这是个人独资企业特有的优势。

➤ 劣势

个人独资的餐饮店也存在无法回避的劣势，主要是由个人负无限财产责任。当资产不足以清偿债务时，法律规定企业主不是以投资企业的财产为限，而是要用投资者个人的其他财产来清偿债务。也就是说，一旦经营失败，就有可能倾家荡产。

细节03 合伙经营，选对伙伴

不少人喜欢合伙做生意，这样双方投资负担就会减轻，并且在经营管理上也会轻松一些。

合资形式，也称合伙制企业，是由两个以上合伙人订立合伙协议，共同出资，合伙经营，共享收益，共担风险，并对合伙投资的餐饮店债务承担无限连带责任的经营性组织。

合伙人可以采取货币、实物、房地产使用权、知识产权或者其他财务权利出资，经全体合伙人协商一致同意，合伙人也可以用劳务出资，各合伙人对执行合伙企业事务享有同等的权利。

➤ 谨慎选择合伙人

选择合伙人的四大标准：人品第一、价值观第二、工作态度第三、才能第四。这四个条件缺一不可。

【案例】

小李与小王都是广西人，两人是表兄弟，从小一块儿长大，感情与亲兄弟没什么区别。小李有一手做米粉的绝活，所做的米粉在他们乡里是非常有名气的。小王则在深圳一家餐饮店做过多年的经理。

过年小王回家，兄弟俩聊起了未来的计划。小王不想去深圳打工，想在家附近找个事情做，好照顾家人。小李一听，建议他俩到县里合伙开一家米粉店，县里虽然竞争大，但是机会也多。小王在餐饮店做过经理，因此主要负责店里其他事务管理，小李则一心负责后厨。兄弟俩回家与家人商量，家人都很赞同。兄弟俩一起开店，比外人好多了，不用相互算计。

就这样，“兄弟米粉店”顺利开业，由于小李做的米粉味道很好，加上服务质量也不错，米粉店经营的红红火火。小李一心研究新的米粉式样，店里所有事项都由小王管理。到了年底分红时，小王给小李介绍了一年的经营情况，前后开支等，最终纯利润两人各有6万元。小李当时也没有说什么，接过钱就回家了。可是越想越不对，生意一直很好，怎么只有6万元呢?

回到家里，小李把这个疑问告诉了妻子。妻子没有在店里帮忙，因此不是很清楚，建议他将店里的账簿仔细核对一下。第二天，小李让小王把账簿给他看看，因为昨天时间紧，没有仔细看。小王说：“还不放心我吗，兄弟？”小李说：“没有，没有，我只是看看了。”可是，看完之后他也没有发现问题。

就这样，小李也没有多想。过完春节，米粉店开始了新一年的生意。有一天，小李打烊后发现有东西忘带了，回店里取东西，正赶上有人送货。送货人见小王不在，就准备第二天再送来，小李说他也是老板，可以做主的。于是让送货人把货给他，结果发现有的东西价格与账簿上的相差好远，问是不是降价了。送货人说现在还涨了一点呢，去年的更便宜。小李没多说什么，就签字让送货人走了。

躺在床上，小李想着，小王家里除了小王收入没有其他收入，但是去年却添置了冰箱、彩电、洗衣机、空调等许多家电，家里也进行了装修，需要很多钱。于是越想越不对，决定留意店里的各项开支。结果，小李发现小王在许多地方做了“手脚”，账簿有问题。小李也不想让双方家人产生更大的矛盾，于是与小王私底下“摊牌”，建议小王撤资，自己一个人经营。小王知道自己理亏，也没有多说什么，答应了，自己也去外地打工去了。兄弟俩虽然表面上还是与以前一样，可是再也没有以前推心置腹的交情了。

➤ 对待能人的方式

有些人的能力特别好，但不一定适合当合伙人。可以采用高薪+分红方式来留人，而非用股份的合伙方式。

➤ 建立良好沟通

在合作过程中最忌讳的是互相猜忌，打小算盘，这样的合作肯定不会长久。出现问题要本着真诚、互信、公心态度来解决，有什么事情放到桌面上来讨论，就事论事，大家如果都是出于公心，分歧是很容易得到解决的。

➤ 处理冲突时做好最坏的打算

合伙人出现分歧，做好最坏的打算，心中有底，处理问题时就会以平和的心态、理性地去面对，让事情得到圆满的解决。在不违反原则性前提下，要本着不伤和气，好聚好散的态度处理事情，合作不成还可以继续做朋友。

➤ 尽量避免双方亲戚在店里上班

在店里最好不要有双方的亲戚，否则，会造成一些公私不分，闲言碎语，家事与公事纠缠不清的麻烦，会动摇合伙人之间的合作基础。

细节04　加盟连锁，多方考察

对于没有经验及资金不是太充裕的投资者而言，靠“借鸡生蛋”、加盟一家资质好、运营模式成熟的连锁餐饮品牌成了许多餐饮投资者的首选。不过，机会与风险是并存的，投资加入经营餐饮连锁店，投资者既可从中发掘出令人惊喜的金矿，也有可能掉进危险的陷阱。如何选择一家优良的餐饮连锁店，便成为中小投资者开店成功的关键，所以，投资者必须把握好这一关。

【案例】

小刘一直有个理想，就是哪天自己不再打工，当个小老板。几个月前，小刘看到了网上一个特色小吃加盟店的加盟广告，他动了心。广告称只要8000元左右就可以加盟一家特色小吃店，除了技术转让外，还提供相应的器具。小刘了解到，由于特色小吃店的投资小、技术容易掌握，所以很受小本投资者的欢迎。于是小刘兴致勃勃地向特许人交了8000元加盟费，并签订了合同。

随后，该特许方要求小刘除了要向他们进原材料外，还要求锅、炉等设备也要一起购买，一个普通的锅要卖700元，两个就要1400元。小刘质问特许方："合同上不是写着由该公司提供相应器具吗？"但对方却回答："合同上并没有说是免费提供器具。"小刘顿时无语。他想：加盟费都已经交了，退是不可能了，不可能因为两个锅就不干了吧！后来经过讨价还价，两口锅以1200元成交。小刘后来了解到，一模一样的锅市场上每个仅售300元。小刘发现自己上当后，把特许方告上了法庭，最后获得了相应的赔偿。

由上例可见，在签订"特许经营合同"时必须注意：合同细节一定要明晰，能够想到的最好都在合同中注明。在发生特许经营纠纷后，被特许人应积极维权，通过协商、诉讼等方式维护自己的合法权益。

在加盟餐饮连锁前，经营者在考察中主要注意以下事项：

➤ 特许经营资质审查

经营者应向餐饮连锁企业索要并审查其备案资料，以防上当受骗。

➤ 准确评估品牌知名度

选择一家拥有良好知名度、优秀企业品牌形象的餐饮连锁企业，是创业成功的必要条件。

➤ 餐饮连锁企业的发展历史、发展阶段

一般来说，经营者应选择较长历史的餐饮连锁企业。因为餐饮连锁企业发展越成熟，你承担的风险就越会降低。但这也不是一个绝对的参照标准，因为一些新兴业务确实有很大的发展潜力。

➤ 餐饮连锁企业已运行的直营店、加盟店

在选择良好的餐饮连锁企业时，应充分了解其直营店和加盟店的经营状况是否良好、有无稳定的营业利润、利润前景是否具有后续性等。

➤ 餐饮连锁企业的经营管理组织结构体系

优良的餐饮连锁企业应有组织合理、职能清晰、科学高效的经营管理组织，使各连锁店能高效运转。具体可从以下几方面进行评价：

（1）是否具有健全的财务管理系统。

（2）是否具有完善的人力资源管理体系。

（3）是否具有新产品研发与创新能力。

（4）是否具有完善的物流配送系统。

（5）是否具有整体营运管理与督导体系。

（6）是否具有先进、科学、标准化且可复制的产品生产管理支持体系等。

➤ 餐饮连锁企业应提供的开业全面支持

一般来说，餐饮连锁企业提供的开业全面支持应包括以下内容：

（1）地区市场商圈选择。

（2）人员配备与招聘。

（3）地区市场产品定位与地域性产品开发。

（4）业前培训与开业准备。

➤ 餐饮连锁企业的加盟契约、手册

一般来说，餐饮连锁企业应同意加盟者可把加盟契约、手册带回审阅7个工作日，加盟者可从以下几方面加以判断：公平性、合理性、合法性、费用承受性、地域性限制、时效性、可操作性等。

➤ 加盟店的成功率

应考察加盟店的成功率，一个成熟的加盟系统需要长时间的经验积累和管理系统的不断完善，在正常经营的情况下，关店的情况并不多。

➤ 其他加盟店的经营状况

弄清加盟总部是否有两家直营门店和一年以上经营、有供他人有权使用的商标；必须要求联系现有加盟商，并亲自前往探究经营状况。

➤ 加盟费用是否合理

每个加盟企业拥有自己的加盟费用标准，一般情况下是不可讨价还价的。考察加盟费用是否合理，最重要的是要看投资回报率。可以参照其他加盟店的回报率，如果觉得此系统加盟店的回报率达到自己的要求，那么加盟费用就基本是合理的。

细节05　接手转让，小心陷阱

从别人手中接转店时，如果不小心在接手“转让店”的时候误入陷阱，搭上时间精力不说，搞不好还要增加经济损失，更严重者，惹上官司缠身、徒增烦恼。所以经营者必须得搞清以下问题：

➤ 原店不再经营的原因

首先要弄清原店不再经营的原因是什么，并要分析这些原因是否会对自己接手经营造成负面的影响。

➤ 转手者是房东还是租赁者

如果是房东出租场地，那么，要请房东拿出有效的产权证，根据产权证，对房屋的建筑面积、结构等情况进行检查，避免张冠李戴，以假乱真。如果是租赁者转让餐饮，必须请房东出面共同商议，分清楚哪些东西是房东的，哪些东西是租赁者的，三方当面清点，出具文字凭据，签字画押，之后方可深谈。

➤ 这个地方是否适合开餐饮店

不要单方面只听信“转让者”的话，有条件的话，应该到房产、消防、公安、环保、街道等部门了解一番。另外，餐饮店周边的居民对餐饮店经营什么态度至关重要。一方面，周边居民是未来的消费准顾客，忽视不得；另一方面，人们现在的环保意识、维权意识非常强。百姓不满意，上访、诉讼、上门争辩、媒体曝光，都有可能出现。

➤ 是否有历史遗留问题

要亲自到自来水公司、电业局、环保局、煤气公司、供热公司等单位了解水费、电费、环保费、煤气费、供热费的缴纳情况，如果未交清，请转手者将剩余部分缴纳完毕，并将交费发票出示，看清确认后复印留存，妥善保管。停水、停电、停气，无论停哪一样，都无法营业。

➤ 是否有违法违纪记录

亲自到工商管理部门、税务部门了解工商管理费、应缴纳税款是否缴纳完毕，是否罚款，如果有的话，请转让方到相关部门缴纳完毕，并将相关票据复印留存，妥善保管。工商管理费、应缴税款属国家强制征收的项目，如未交齐，有可能面临营业执照作废、停办营业执照、罚款等相应处罚。

➤ 与前员工是否有经济纠纷

经营者要将以往与餐饮有关的单位、人员联系到，通报餐饮租售情况，尽可能查清餐饮的工资、贷款、担保、抵押、应付账款和经济纠纷情况，分清责任，避免在以后的经营中发生纠纷。因在转让时，很多员工跟着一起“转让”，所以一定要分清账。

➤ 设备能否继续使用

确认厨房设备及空调类等机件设备是否仍可继续使用。原物件转让的优点是厨房设备仍然可使用，但如果因出品种类不同，使厨具无法继续使用，其优点就不存在。另外也要事先确认，经过长期使用的厨房设备，其功能是否正常。一般的厨房设备使用超过5年，其使用价值就自然降低。

➤ 是否设置排烟空调方面的条件

确认该店是否设置了排烟空调方面的条件。有些餐饮店也许会因店面的限制或大楼结构上的问题，而无法装设必要的设备，或是装设费用大幅度超过预算等，这些都要注意和清楚。

➤ 装修转让事宜是否合理

餐饮店内部设备及机件等均属内部装修转让，这些都需要转让金，但其转让金额是否合理也必须仔细研究分析。这样才能胸有成竹地上马，不打无把握之仗。

细节06　项目选择，决定成败

项目的选择很重要，比如，是选择川菜、湘菜、粤菜还是东北菜，是开快餐店、清粥小菜店、卤味店，还是开时尚餐饮店、冰果室等，这不仅决定投资者的成功及失败与否，而且还有可能影响到投资者今后事业的发展。

➤ 风味餐饮店

风味餐饮店主要通过提供独特风味的菜品或独特烹调方法的菜品来满足顾客的需要。一般来说，风味餐饮店主要包括以下几种：

(1) 专门经营某一类食品或菜肴的餐饮店，例如风味小吃店、面馆、海鲜餐饮店、野味餐饮店、烧烤餐饮店等。

(2) 专门经营某一地方菜系的餐饮店，例如川菜馆、粤菜馆、潮州轩、湘菜馆、北京餐饮店等。

(3) 经营某一国的风味菜品，例如法式餐饮店、意大利餐饮店、日本料理、韩国料理等。

（4）供应顾客某一特殊需要的菜品，例如素菜馆、清真餐饮店、藏餐饮店、药膳馆等。

➤ 主题餐饮店

主题餐饮店主要是通过装饰布置和娱乐安排，追求某一特定的主题风格，创造一种就餐氛围招揽顾客。例如文化餐饮店、摇滚餐饮店、足球餐饮店、汽车餐饮店等。

到主题餐饮店就餐的顾客主要是为了获得整体感受，而不仅仅是食品饮料本身。所以这类餐饮店提供的餐饮品种往往有限，但极富特色。

➤ 快餐店

快餐店是提供快速餐饮服务的餐饮店。这类餐饮店的规模并不大，菜品种类较为简单，多为大众化的中、低档菜品，并且多以标准分量的形式提供。近年来，人们的生活节奏日益加快，快餐店无论在数量上还是在销售额上都增长很快。快餐店一般包括中式快餐店，如上海的新亚快餐；西式快餐店，如麦当劳、肯德基等。

相关链接

怎么计算店面客容量

计算店面的客容量，就是确定所选的店面可以安排多少座位和有效经营时间。因为店面内要有厨房等操作面积以及库房和卫生间等辅助面积、通道。除去这些面积后才是可以用于经营的餐饮店面积。一般营业面积通常为总面积的50%～70%。每一个座位所占面积因餐台形式不同而不同。

例如，4人长方形餐桌每一座位约占0.5平方米；8人和10人圆餐桌每座约占0.7平方米；12人圆餐桌的每座约占0.8平方米；包间每座占1～2平方米。

投资者可以利用上面的数据计算一下大概的座位数。例如，假定餐饮店不设包间，餐饮店营业面积占整个餐饮店面积的60%，每一个座位平均占位0.6平方米，餐饮店的总面积为120平方米。那么可以安排的座位数为：

座位数总面积×营业面积所占的比例÷每一个座位平均所占的面积

＝120 × 60% ÷ 0.6 ＝ 120（个）

如果在这个餐饮店里面增加两外包间，每一个包间的面积为10平方米，各设10个座位，那么可以安排的座位数额为：

座位数=10 × 2 +（120 × 60% − 10 × 2）÷ 0.6 = 107（个）

设置包间虽然减少了座位总数，但是包间的人均消费要高于大堂，所以总的收入应该是上升而不是下降。

细节07　费用预估，留足开支

目前，由于市场经济的不断变化，餐饮业的竞争越来越激烈，许多餐饮店难以维持经营，有的只好廉价出让，5万～10万元的餐饮店也不少见。另外，要是投资新开一家餐饮店，则投资较大，具体费用还得根据地段、房租及装修的程度来定。那么，餐饮投资者应该怎样判断投资的资金是否足够呢?

➤ 准备必需费用

通常，餐饮店开张所需的费用有房屋租金、材料设备费、人员工资、管理杂费：水电燃料费用等。所以，经营者要预测出餐饮店开张所需的资金是否能够满足营业开办和发展所用。

➤ 留足开支

投资者在预估费用时，除了投资餐饮店的必须资金外，应考虑资金是否能够维持自己的个人或家庭所需的生活费用。投资餐饮店具有一定的风险，因此：

（1）如投资在 10 万元以下，应取个人或家庭全部资金的 1/3 或 50%。

（2）如投资开餐饮店过 10 万元的，应取全部资金的 60% ～ 70%。

（3）投资开餐饮店过百万元的，可考虑取全部资金的 80% ～ 90%。

（4）投资开餐饮店过千万元的，可考虑取全部资金的 95% 以上。

投资餐饮店毕竟是利益与风险同在，在投资的同时就必须安排好自己及家庭的生活，只有解除了后顾之忧，创业才能有保证。

➤ 合理分配比例

一些餐饮店在资金运用上的普遍不足是固定资产和流动资产的比例失调，如把太多的钱投入难以变现的资产上，比如，过多地采用购买的形式投资房产、设备。实际上，对大多数新的餐饮店经营者来说，租赁是一种更好的选择，租赁可减少最初现金的支出。

相关链接

如何估算总销售额及毛利润

按照人均消费额来估算餐饮店每天预期的总销售额和全年的毛利润。人均消费额是指顾客每餐可能承受的消费金额，这是由顾客的收入水平决定的。人均消费额要通过市场调查来确定。不同的地区、同一城市不同的区域、同一区域不同的消费群体，由于收入水平的差异，其人均消费额都有所不同。

假如，通过市场调查，确定自己所经营的餐饮店的顾顾客均消费额为10元，选取每餐每一座位只上一次顾客为预期的一般经营状况，即一般应当实现的经营状况，则120个座位每天可接待240位顾客，每人平均消费10元，全天的预期销售额为2400元；全月的预期销售为42000元；全年预期的销售504000元左右。毛利润是指菜品价格扣除原、辅料等直接成本后利润所占比率。一般来讲，餐饮企业的毛利润率为40%左右。

因此，上述例子中的毛利润为：

全年毛利润＝504000×40%＝201600（元）

通过综合考虑餐饮店的投资能力、房租价格、座位容量、消费水平和利润标准并进行定量计算后，才能确定合理的餐饮店面积，以获取更多的利润。

细节08　特色群体，客源稳定

目前，餐饮市场上的小餐饮店，从菜肴上看，多数是川菜、湘菜、粤菜等。餐饮店要想盈利就要有自己的招牌菜，也就是自己的拳头产品，以创造顾客来店的理由。

犹如孩子顺利降生，如何养育学问很大，考虑不周孩子也可能夭折。因为，无论是什么层次的消费者在口味上都有“喜新厌旧”的本能，只要味道好，越是有自己的特色，越能吸引络绎不绝的顾客，使餐饮店长盛不衰。

广州一家主营“煲仔饭”和“蒸饭”的餐饮店老板认为：“投资餐饮店必须要有自己的‘招牌菜’，我店的特色就是‘荷叶蒸饭’，因为味道独特，所以生意一直很火。”

一般小的餐饮店的规模都不算大，如果定位准确，基本没有什么风险。

【案例】

位于某大学城一家经营面积不足30平方米的餐饮店，定位的目标消费群体就是大学城的学生。该店老板的投资理念是：方便学生消费群。她觉得，学生在学校是不可能自己做饭的，所以在大学周围开餐饮店基本不用发愁客源，只要快餐、小吃的品种多一些，学生一放学就会前来光顾。

老板还颇有体会地说：“每天的吃饭时间，我恨不得店面再大上几十平方米。顾客排队吃饭是常有的事，倒不是因为我的饭菜特别好吃，主要是比较符合学生的口味和消费水平。如快餐一般是6元一份，并就可以在几个炒菜中任意选择，而且分量也足。”

老板的投资成本主要有：

店铺每月房租4000元；人员工资和各项支出，每月约8000元。

该店开业至今已有5年，日平均营业额1500元左右，纯利润大概为500元，每月的利润基本为15000元。

投资小餐饮店是小本生意，老板靠的就是精打细算。采购、收银都是自己一个人忙活，还有很多琐碎的事情也得自己操心，所以生意一直不错。

在该餐饮店附近也有不少餐饮店，经营品种大多是包子、饺子、馄饨面等方便快捷的食品，这非常符合学生的饮食需求。一家馄饨面店的老板透露：“来这儿吃饭的基本都是学生，客源比较稳定。”

由此可见，在学生区和购物广场、火车站等繁华路段开设餐饮店，菜品的特色和口味尤为重要。此外，经营者还应在服务、环境等方面多下工夫，想办法把相对流动的顾客变成固定消费者。

细节09 商圈调查，必不可少

通常，影响餐饮业商圈的半径距离的因素主要有：当地人口密度、附近竞争餐饮店、餐饮店供应菜品的吸引力、顾客交通方式、餐饮店声誉、地区经济发展水平、消费者饮食消费习惯、消费娱乐的群聚效应、餐饮店的地理位置、单店服务与产品的创新力度。

通常，投资者在分析某餐饮商圈时，应着重注意分析以下的基本情况和特点，并注意研究应对的策略。

➤ 商圈区域差异性

通常，要发现两个“基本”相同的商圈是非常困难的，中国传统的“十里不同风、百里不同俗”，这在餐饮消费区域特征上表现得尤其突出，造成商圈情况的千差万别，一个相同的餐饮产品组合在不同的商圈，其境遇可能是天壤之别。如同样是经营火锅店的同一商圈里，因为装修环境、材料采购、价格等的异同因素，其经营效果就往往不同。所以，投资者的应对策略是要设计好自己的经营特色，使自己与众不同。

➤ 餐饮消费需求变化

餐饮业“跟风”的现象，在各地餐饮市场都很普遍，大的如餐饮业态，小的如时兴菜式，很多消费者都会如“赶场”似地跟风。先行的餐饮经营者在匆忙掘得“第一桶金”后，又被迫进入“微利”时代，这里面浸透了众多餐饮经营者对餐饮商圈竞争快速变化的无奈。

➤ 餐饮消费心理需求

通常顾客消费的忠诚度都较低，在餐饮消费上一种普遍的心态就是“换口味”或“尝新”，同样的餐饮经营方式对于消费者而言往往会有多种选择。造成商圈内某些餐饮店优秀的策划方案在短期内即被完全释放，而论为“平庸”。经营者应与时俱进，不断创出新菜肴、新口味、引领饮食潮流，满足餐饮消费者的潜在需求。

➤ 出品质量要求高

餐饮经营从原料采购、厨房生产到餐饮店服务，环节众多且基本靠手工完成，任何一个环节出现问题都有可能导致投诉的发生，出品监控与管理的要求相当之高，在同一个商圈内企业很难获得长期高品质的美誉。因此要不断提高餐饮技术含量和配套管理，赢得声誉，保持良好的竞争力。

➤ 保持良好口碑

餐饮经营具有极强的区域性，餐饮店面对的都是商圈内的顾客，要保持顾客较高的“回头率”，在很多时候成为餐饮成功经营的保障。因此，要注意保持知名品牌对具体商圈的“号召力”，并让顾客通过“体验”来认同，使餐饮店的口碑在餐饮商圈内传播。

➤ 形成品牌

餐饮店一般不具备向高科技要品牌的条件，只能通过加强厨房技术力量、提升经营管理水平、塑造企业形象、完善对客服务等因素展开，而这些因素具有较强的可变性、不确定性和可控性差的特点。因此，形成品牌的第一要素就是要练好“内功”，并要经得起时间的考验。

细节10　餐店类型，准确选择

➤ 连锁快餐店

连锁快餐设有中央厨房，管理经营难度高于传统餐饮业。连锁快餐店的销售过程是原料→加工→配送→成品→销售，然而传统餐饮业则是原料→加工→成品→销售。

1.商圈选择

客流繁忙之处，如繁华商业街市、车站、空港码头，以及消费水平中等以上的区域型商业街市或特别繁华的社区型街市。

2.立店障碍

连锁快餐店需消防、环保、食品、卫生、治安等行政管理部门会审，离污染源10米之内不得立店，相邻居民、企业或其他单位提出立店异议。

3.建筑要求

框架结构，层高不低于4.5米。配套设施电力不少于20千瓦/100平方米，有充足的自来水供应，有油烟气排放通道，有污水排放、生化处理装置，位置在地下室或一、二、三楼均可，但忌分布数个楼面。

4.面积要求

连锁快餐店的面积最好是200～500平方米。

➤ 普通餐饮店

1.商圈选择

普通餐饮店分为商务型和大众型两种餐饮店类型。商务型的普通餐饮店以商务酬宾为销售对象，一般选址在商务区域或繁华街市附近，或其他有知名度的街市；大众餐饮店以家庭、个人消费为主，一般选址在社区型或便利型商业街市。

2.立店障碍

开设餐饮店须经消防、环保、食品卫生、治安等行政管理部门会审后，方可颁照经营，周边邻居有异议而无法排除的也能成为立店障碍。餐饮店必须离开污染源10米以上，对较大餐饮店，消防部门会提出设置疏散通道要求。

商铺门前有封闭交通隔离栏、高于1.8米的绿化，以及直对大门的电线立杆均为选址所忌。

3.面积要求

大众型餐饮店面积为80～200平方米，商务型餐饮店面积为150～10000平方米。

4.建筑要求

餐饮店为个性化装饰、布置，各种建筑结构形式均适合开设餐饮店，但减力墙或承重墙挡门、挡窗除外。餐饮店门前须有相应停车场。餐饮应具备厨房污水排放的生化处理装置以及油烟气排放的通道。

➤ 面馆

1.商圈选择

面馆是中式普通快餐的经营形态，原料加工半工厂化，制面、和面、切面等工序在工厂里完成。面馆宜选择交通支道、行人不少于每分钟通过10人次的区域。

2.立店障碍

立店障碍与餐饮店相同。

3.面积要求

80～200平方米。

4.建筑要求

面馆建筑要求与餐饮店相同。

➤ 火锅店

1.商圈选择

火锅店是以大众消费为主的餐饮业态形式，选址于人口不少于5万人的居住区域或社区型、区域型、都市型商圈。

2.立店障碍

与餐饮店相同。

3.建筑要求

框架式建筑，厨房可小于餐饮店营业面积的1/3，其余同餐饮店。楼上商铺也可以。

4.面积要求

120～500平方米。

相关链接

小肥羊的选址要求

小肥羊对选址的要求，具体包括以下几点：

1.商圈选择

选址于人口不少于5万人的居住区域或社区型、区域型、都市型商圈。

2.建筑要求

框架式建筑，厨房可小于餐饮店营业面积的1/3，其余同餐饮店。

3.面积要求

600～1500平方米。

4.建筑要求

（1）餐饮店周边要有成熟的商业配套设施，周边还应有成熟的社区。

（2）餐饮店建筑面积控制在600～800平方米。

（3）餐饮店房屋平面结构应规矩，柱间距、大梁的跨度应尽量大，梁底最低标高应不小于2.5米。

（4）餐饮店尽量有单独的出入口，非首层的餐饮店应有大流量电梯及消防通道。

（5）餐饮店门前或餐饮店大厦前最好有停车场。

（6）餐饮店防排烟、给排水、污水排放、隔油设备应齐。

5.店中店选址

（1）建筑面积：200～500平方米。

（2）楼层：F1或者大型商业美食广场所在楼层（高档商圈可考虑）。

（3）层高：不低于4米。

（4）租期：不低于6年。

（5）电量：使用面积300平方米左右需提供约200千瓦电量。

（6）消防系统：提供一次“消防验收意见书”、“环保批文”。

（7）楼板承重：不低于400千克/平方米。

➤ 茶坊、酒吧、咖啡馆等

1.商圈选择

消费者进入茶坊、酒吧、咖啡馆的动机是休闲或非正式的轻松谈话。主要是以文化、情调、特色，以及舒适和愉悦来吸引消费者的。因此其选址往往是高雅路段，具有清净、优雅的环境，消费对象具有一定的消费能力和文化修养。

2.立店障碍

（1）须经消防、治安、食品卫生等行政管理部门会审同意方可颁照经营。

（2）在噪声较大、邻里投诉时，环保部门也会介入加以管理。

（3）酒吧属于高档消费范围，收取“消费税”，政府管理部门，包括规划、治安、消防等部门加以严格审核。

3.建筑要求

（1）布置和装饰有个性化与艺术化要求，但对建筑结构形式无特殊要求，根据创意、设想而异。

（2）层高不低于 2.8 米，电力按每 100 平方米 10 千瓦配置，有自来水供应。

（3）如与居民相邻，最好设置隔音层。

4. 面积要求

50～400平方米。

相关链接

不同区域，选址标准不一

1.商业区

商业区是约会、聊天、逛街、购物、休息等人士云集的场所，是开店最适当的地点，但也是大量投资的地段。选择商场或商业大厦周边开餐饮店，这些地方购物人群广泛，客源也相对丰富。

商业区的人虽然是以购物为主，但也有一部分人需要休闲和就餐。针对有些顾客购物时间紧迫，餐饮店的经营内容应以中、西餐和快餐形式为主。用餐方法上要求简单，时间上求一个“快”字。所以选择在这样的地区开餐饮店，应以中式快餐或大排档为好。

2.办公区

所谓办公区是指公司办公楼、写字楼及一部分饭店等，有许多单位的办公地点，一般是临时租用的，很少备有食堂，而附近有的饭店备有餐饮店，这些人也常喜欢到周边用餐。经济实力丰厚，一般用餐消费不太注意价格，但很关注饭菜的质量。在这种地区选址开餐饮店，应注重管理水平、技术水平和服务态度。

3.居民区

在居民住宅群和新建小区经营餐饮店。餐饮店环境要朴实无华、干净明快，经营的品种应多样化，多开办一些家常菜、烤鸭、饺子、小吃等菜品。要求质高价低，菜量十足，经济实惠并有新意，适合工薪阶层的需求。

按照有关城管、卫生等部门的要求去办。注意厨房的排烟以及噪声等可能给居民带来的生活不便，在选址时就应照章办事，以适应环保的有关规定。

4.学生区

在学校院区内或周边地区选址开餐饮店，也会有可观的经济效益。中小学校周边所建餐饮店则应考虑到经济条件和用餐特点，要集中力量保证学生的早餐和午餐的供应，尽量安排经济实惠的营养型的配餐。对于学生要求的菜品分量要大致够吃，做到荤素搭配，价格便宜，使大多数都能接受。

5.城郊区

随着居民收入水平的大幅度提高，人们的生活水平也随之大幅提升，并把餐饮消费当作一种交际或享受，很多人把目光转移到郊外。因为郊外有新鲜空气、青草绿树，有平时难以享受到的郊野情趣。其次，近几年随着有车一族的飞速扩容，休息日、节日很多人都喜欢开车到郊外宽阔的地方去就餐、游玩。

选址时应避开市政设施建设的影响选择开餐饮店的周边地区，尽量避开市政施工或绿化工程。尤其是租赁的餐饮店应确保其不在拆迁红线范围内，经营者事先要走访有关部门，详细调查核实后方可决定，切记盲目从事，否则会造成不可弥补的损失。

细节11　备选店址，最后考察

妥善选择开店地点将决定你店铺的未来前途，因此，在开业前就能对未来店铺的发展做到心中有数，对候选地址进行调查。

➤ 分析城市规划

经营者在对餐饮店的开设地点进行选择时，分析城市建设的规划是必要的。一个城市规划是对整个宏观大环境的分析，既包括短期规划，又包括长期规划。

➤ 市场调查

作为餐饮店经营者，在选址前，应做好市场调查，并将其用调查报告的形式记录下来，以随时了解市场行情，选择一处好的地段经营。

➤ 顾客调查

1.消费者外出就餐倾向调查

对居住地居民有关年龄、职业、收入以及外出就餐的倾向把握，以调查可能的商圈范围。以学校或是各种团体的家庭为对象，或是依据居住地点以抽样的方式进行家庭抽样调查。采用邮寄方式或直接访问均可。主要调查项目是居住地点、家庭结构、成员年龄、职业、工作地点、外出就餐消费倾向。

2.逛街者就餐动向调查

在预定设店地点对实际进店的消费动向进行调查，以把握餐饮业的消费潜力。以预定设店地点步行人数的抽样调查，或是餐饮店主要顾客的调查。在调查地点通过的行人，依一定时间段采取面谈方式，时间以10分钟以内为佳。主要调查项目是居住地、年龄、职业、逛街目的、使用交通工具、逛街频率、就餐动向。

3.顾客流动量调查

在预定设店地点对日期、时间流动量的把握，作为确定营业体制的参考。调查地点流动的15岁以上的人。可与逛街者就餐动向调查并行，而依时间、性别区分。

➤ 竞争对手店调查

在顾客调查完成后，餐饮店投资者还必须做好自己店铺所处商圈现在的竞争对手与潜在的竞争对手的调查。

相关链接

餐饮店店址的主要影响因素

餐饮店选址应考虑的因素很多，主要涉及以下几个方面。

1.交通状况

交通状况是指车辆的通行状况和行人的多少，它意味着潜在的客源。但是必须清楚，开餐饮店的地点必须交通便利，进车停车方便安全。选址即便远些，只要交通便利，同样会顾客盈门。

2.环境特性

餐饮店周边环境的特性直接影响餐饮店的经营，必须根据其特性做出相应的对策。比如对不同特性的区域，餐饮店要采用不同的营销策略。餐饮店的周边环境如果整洁、幽静，再加上营造较好的内部环境，如幽静的休息室、清洁的洗手间等，就能吸引更多的顾客。

3.区域规划

区域规划往往涉及建筑的拆迁和重建。如果未做分析，餐饮店就盲目上马，在成本收回之前就要拆迁，无疑会蒙受损失或者失去原有的地理优势。在确定餐饮店位置之前，一定要向有关部门进行咨询。

4.竞争程度

在所选地点，任何一种形式的竞争都是值得考虑的，这可能意味着一个潜在的绝好地点，同样也可能会是一个很糟糕的地点。直接竞争未必会导致两败俱伤，相反还可能促进双方共同繁荣。

竞争密度是指同行业和相关行业营业点的个数以及本区域内餐饮店的总座位数，即生意是否过密。这体现了本区域内餐饮业的供求关系，是对竞争激烈程度的一种直接反映。通常是竞争越激烈利润越低，但这些分析在某种情况下也不是绝对的。

5.地区经济背景

要注意选址区域的经济发展趋势，特别是商业发展速度，这对餐饮店的前景有很大的影响。办法是选取相同类型的区域作为参照，详细考察它们的经济发展模式，因为在很大程度上这些模式都是相同或相通的。

6.价格

好的地址比不好的地址需要更多的费用。如果你正在开设第一个餐饮店，可能租(买)不起最好的地段。但是好的地址对于开餐饮店是非常重要的，只要细心，就会找到一个价格合适的好地址。

7.市政设施和服务

市政设施包括经营所必须具备的能源供应，如水、电、燃气(天然气、煤气等)，下水设施，周边道路和建筑的建设与绿化，垃圾处理设施，通信设施，消防设施等。市政服务包括与上述设施有关的服务和环卫、环保、治安等情况。这些将决定餐饮店周围是否具有良好的社区环境。

细节管理二

餐饮店开业准备

细节12 好的店名，带来好运

➤ 取名方法

店名是区别众多餐饮店的核心，代表着一个餐饮店的形象。由此可见，好店名会带来好财运。在我国，餐饮店的名称五花八门，如酒楼、酒家、酒馆、饭馆、饭庄、餐饮店、小吃店、小吃部、面馆等。店名取名方法，具体如下表所示。

店名取名方法

序号	起名方法	说明
1	以吉庆、美好、典雅词汇起名	这种命名方式通过对人们的美好祝愿来吸引顾客。如:“吉祥”餐馆、“好运来”酒家、“状元楼”饭店、“乐惠”餐馆、“梦圆”茶座等
2	以姓氏设计起名	用姓氏为餐馆起名早已有之，如“谭家菜馆”、“羊羯子李”、“王嫂啤酒鱼”、“李二娃大碗菜”等。这些餐馆共同的特点就是不但让店名突出自己的姓，而且还从店名中能体现出其经营的具体内容。如：王嫂啤酒鱼，不但知道店主名叫王嫂，而且其特色是“啤酒鱼”；李二娃大碗菜，一听就知店主李二娃所经营的是湖南货真价实的大碗菜
3	以地理位置命名	以一个城市的区、县或街巷命名的餐饮店也不为少见。好处是突出地区，了解餐饮店的地理位置和方位，就餐更容易找到。如：太原酒家，一听就知道地处太原的大酒家。为了使顾客就餐方便，在给餐饮店起店名时，应把其店的详细地址和方位告诉顾客
4	以风味特色设计起名	有些餐饮店设计店名时不但有姓氏、地区，往往最主要的还是尽量突出自己的经营内容和具体的风味特色。如:供应岐山面食的“岐山臊子面”，供应正宗川菜的“正宗重庆火锅城”、“菜根香素菜馆”等
5	以数字或字母起名	如:以一至十、从百至千的数字起名法。像“一品茶堂”、“两义轩”、“三鲜烧麦馆”、“四海酒家”等以此类推

相关链接

餐饮店店名起名标准

一个好的店名，其实在起名时是有一定标准的。

1.简洁

餐饮店名称越简洁、明快，就越容易与消费者进行信息沟通，容易让顾客记住。并且餐饮店名称越短，就越有可能引起顾客的遐想，含义更加丰富。

所以，店名字数以五个字为限。一些众所周知的餐饮连锁企业，如肯德基，以及国内的小肥羊、乡村基、永和豆浆等，名字都很简洁，且容易记忆。麦当劳的英文名称、日文(片假名)名称以及汉字(中国分店的标志)的标准字，都设计得相当简明易读，让人一目了然。

2.寓意

取名字也就是为了满足人们某种心理上的美好愿望。通常那些吉利、有好征兆并能带来好财运的名字会成为人们的首选目标。

很多经营者在起店名时，喜欢直截了当但比较俗气的名字，其内心希望自己的餐饮店能赚大钱。如“招财”、“进宝”等，这些名字往往会不经意地流露出唯利是图的经营心态，有时会引起一些顾客的反感，进而导致顾客减少。

3.特色

（1）注意餐饮店的层次。

明确开餐饮店的规划、目标客源的层次之后，再确定自己餐饮店的名字。如果名字与规模不相符，不但高消费顾客会不屑一顾，也会让普通顾客“望名却步”，使人无法信赖。比如，一般的餐饮店起名为××大酒楼、××大厦。还有些餐饮店在起名时费尽了心思，总想与名牌餐饮店混淆，采用移花接木以及音同字不同的手法起店名，如“谭佳菜”与谭家菜，“全聚得烤鸭店”与全聚德烤鸭店，“大糖梨烤鸭”、“大全梨烤鸭”与“大鸭梨烤鸭”等。这样，很容易惹上侵权嫌疑官司的。

（2）店名与风味相结合。

餐饮店的名字不仅能暗示自己的经营特色和项目，还能使顾客很醒目地发现餐饮店的与众不同，从而吸引很多消费者，财源滚滚自不必说了。

（3）风格独特却不怪异。

有趣但不过分怪异的名字有时能引起人们的好奇，但通常来说，这类风格怪异的名字只被少数人接受，往往简易平实的店名比怪异另类的店名更容易让顾客记住。

➤ 起名原则

1.易读、易记

无论餐饮店用什么店名(应符合《企业名称登记管理规定》)都应以汉字表示。应以易读、易记，念上去发音朗朗上口为宜，使顾客一听到店名便能听得清楚明白不发生歧义为准。如“新兴烤鸭店”，听后很容易被理解为“兴兴烤鸭店”或“星星烤鸭店”；再有“百百万酒楼”很容易听成“白百万酒楼”。

2.用字笔画不易过多，或读音生僻

这样的店名会给一般的顾客增添不必要的麻烦，在给餐饮店起名时用词应简洁并使用正规的简化字。

3.切忌太俗气

有些名字不但听起来叫人不那么舒服，而且也缺乏文化修养，甚至有些店名会让顾客产生误解。如“吃着看餐饮店”、“实心饺子店”、“吃不了兜着走餐饮店”及“威虎山土匪鸡店”等，对于那些不能产生良好效果的店名，应尽量不予起用。

4.注意有关法律禁忌的规定

引起政治意识影响不好的店名会使顾客产生误解，如“东洋饭店”、“民国火锅城”、“大日本餐饮店”、“支那火锅店”等，这些店名会对社会造成不良的影响，都应禁用。

细节13 灯箱招牌，引人注目

➤ 招牌制作方式

1.透明材料灯箱

使用灯箱布、透光板等专用的透光材料做面板，使用金属材料做框架，用日光灯做光源，有造价低，制作、施工简便，易维护等优点。但也有易褪色、缺乏变化和动感等不利的一面。

2.字型类箱

使用有机玻璃做面板，按照店招字型每个字制作一个灯箱。有机玻璃常用的颜色以红、橙色居多，因为这两种颜色不但日间比较美观，对人有刺激食欲的作用，而且其光波穿透力强、传播远，在夜间的效果最佳。字型灯箱的缺点是所反映的内容受到限制，所以多竖立在餐饮店门面的最高处。其优点是灯箱可以两面透光，以达到夜间在远处能够醒目的目的。

3.霓虹灯

使用霓虹灯管做光源，将其制作成各种文字、图案，并可通过控制器按一定的规律变化，是夜间效果最好的形式。缺点是制作费用较高，霓虹灯管的寿命较短，耗电量大，维护、运作费用相当高，且霓虹灯只有夜间效果。

4.串灯

又称满天星、瀑布灯。专门用于烘托门面的夜间气氛，在夏天开办餐饮店门前夜市时又可做照明之用。在设置时比较灵活，可沿屋顶、墙壁设置，也可如搭凉棚般制作类光棚顶。此类灯价格便宜但寿命较短。

5.灯笼

大红灯笼高高挂，可以制造出餐饮店祥和、喜庆、热烈、隆重的气氛。既可作装饰用，又可作照明用。但需要经常清理尘土和维护、更换。

➤ 招牌内容

招牌在日间和夜间效果的设计上，有日间和夜间效果基本相同的，也有效果完全不同的。

1.文字

招牌的传统模式都是以汉字为主，还可以根据需要适当增加民族文字、汉语拼音、外文。文字内容除名号外，可适当增加宣传餐饮店风味、特点的内容，但要言简意赅。如“正宗麻辣烫”、“陕西面皮”、“内设雅座”、“工薪价格”、“时令海鲜”、“新派粤菜”等。

招牌内容表现常用的字体有以下几种：

（1）隶书：秀丽、古朴、典雅。

（2）行书：潇洒、飘逸。

（3）楷体：规范、工整、大方。

(4) 魏碑：端庄、沉稳。

(5) 使用的其他美术字体有：宋体、黑体、仿宋、圆体、琥珀体等，各有不同的优点，但有比较呆板的缺陷。因此，字体应根据餐饮店风格而定。

2.图案

抽象的图形和写真图案统称为图案。抽象的图形可以是店标，也可以和餐饮有关的图案、照片等写真图案经过计算机处理后，做成精美的招牌，成为独具时代魅力的“招牌”。

3.颜色

招牌一般都采用多种颜色的组合，因此要注意颜色配合的效果，基本色调要与餐饮店门面的色调协调一致。以表现主题为目的选择色调或与餐饮店的主色调保持一致都是选择颜色的理想方法。结构设计主要考虑尺寸、外形、材料以及安装位置和可靠性等，同时足够的抗风能力也是设计中尤为重要的指数。

4.注意事项

餐饮店招牌的内容在设计时，一定要注意以下几个事项：

(1) 招牌的字形、大小、凹凸、色彩应统一协调，美观大方。悬挂的位置要适当，可视性强。

(2) 文字内容必须与本餐饮店经营的产品相符。

(3) 文字要精简，内容立意要深，并且还需易于辨认和记忆。

(4) 美术字和书写字要注意大众化，中文及外文美术字的变形不宜太过花哨。

相关链接

招牌，放在哪里最好

在摆放餐饮店招牌时，可以设置在餐饮店大门入口的上方或实墙面等重点部位，也可以单独设置，离开店面一段距离，在路口拐角处指示方向。

(1) 人站在餐饮店前离招牌1～3米，应在9～15米落地式招牌或橱窗、壁牌等。

(2) 开车经过路中央，或行走在道路对面离餐饮店5～10米，应在3～6米，餐饮店的檐口招牌。

(3) 车从远处驶近，距餐饮店建筑物200～300米，应在以8～12米，比如麦当劳的“M”形独立式招牌，及高挂的旗、幌子和气球等。

细节14　店门设计，方便进出

大门是顾客进入消费场所的头关，因此店门的设计是十分重要的。

➤ 设计形式

一般情况下要根据具体人流制定餐饮店大门并确定其安放点。考虑门前路面是否平坦，有无隔挡，有无影响餐饮店形象的物体或建筑物。例如，要注意垃圾筒设置的位置，垃圾筒要放在拐角处，既不影响餐饮店的卫生，又便于清理垃圾，最好顾客不易看到。另外还要注意采光条件、噪声及太阳光照射方位等因素的影响。

➤ 质地选材

硬质木材，或在木质外包上铁皮或铝皮是小型餐饮店店门所使用的材料，因为它们制作较简便。铝合金材料制作的店门，富有现代感，耐用、美观、安全。无边框的整体玻璃门透光好，造型华丽，适合大型豪华餐饮店使用。

➤ 其他因素

餐饮店的店门应当是具有开放性，设计应力求造成明快、通畅的效果，方便顾客进出。

➤ 店门入口

餐饮店入口空间是顾客的视觉重点，设计独到、装饰性强的入口对顾客具有强烈的吸引力，入口的设计方法主要包括以下几种：

（1）封闭式。入口较小，面向人行道的门面用橱窗或有色玻璃、门帘等将店内情景遮掩起来，可以隔绝噪声，阻挡寒暑气和灰尘，但是不易进入，容易让顾客产生不够亲切的心理感受。

（2）半封闭式。入口比封闭式店门大，玻璃明亮，顾客从大街上可以清楚地看到店内的情景，既能吸引顾客，又利于保持店内环境的适当私密性。

（3）敞开式。店门全部向外界敞开，顾客出入店门没有障碍，使公众对餐饮店的一切一目了然。有利于充分显示餐饮店内部环境，吸引顾客进入。

相关链接

大堂如何进行空间分隔

（1）用灯具对餐饮店分隔。灯具有一种隔而不断的感觉，效果特殊。灯具的布置起到了空间分区的作用，对于西餐饮店和酒吧来说，是室内环境设计的常用手法。灯具分区，既保持了大的整体空间的气魄，又在顾客的心理上形成分隔，而且空气流通良好，视野宽阔。

（2）软隔断分隔。即用垂珠帘、帷幔、折叠垂吊帘等把餐饮店进行分隔，软隔断富丽、高档，一般在档次较高、有空调的时尚餐饮店使用。

（3）通透隔断空间。通常用带有传统文化气息的屏风式博古架、花窗墙隔断等，将一个大餐饮店分隔成若干个雅座使用，具有文化气息，一般在档次较高、有空调的时尚餐饮店使用。

（4）矮墙分隔空间。矮墙分隔给就餐者一种很大的心理安全感，人们既享受了大空间的共融性，又保持了一定的心理隐秘性，具有大厅分隔的很多优点。

（5）装饰物的设置。花架、水池以及铺地材料的变化都能起到分隔空间的作用。装饰物的设置与通透的隔断或柱子一样，给室内带来丰富的空间层次，对视线无障碍，利于餐饮店的变幻感觉，不至于乏味。

（6）用植物分隔。植物本身就是一种充满生机的分隔体，隔而不断，使空间保持其完整性和开阔性。植物还可以调节室内空气，改善气候，增加视觉和听觉上的舒适度，植物分隔不仅可以美化餐饮店，还可保持一定的独立私密空间，使餐饮店舒适、自由、清新。

细节15 厨房设计，要有讲究

很多餐饮店投资者都关心厨房设计，但懂的人并不多。厨房应如何设计才节约成本、节约空间、方便实用呢？

➤ 厨房通风、排风符合标准

无论采用什么样的排风设备，最重要的是要使厨房，尤其是配菜、烹调区形成负压。厨房内通风、排风系统包括排烟罩(油网式烟罩、水渡式烟罩)、抽风机(离心风机、轴流风机等)、排烟风管、送新风管及空调系统，有效的通风、排风必须符合下列标准：

(1) 厨房和面点间等热加工间的通风换气，其中 65% 由排烟罩排出，35% 由送新风管和换气扇换气完成，换气一般每小时 40 次为宜（可在产品上设置频率）。

(2) 排气罩吸气速度一般不应小于 0.5 米／秒（购买产品时有规格要求），排风管内速度不应大于 10 米／秒（购买产品时有规格要求）。

(3) 厨房和面点间等热加工间的补风量应该是排风量的 70% 左右，房间负压值不应大于 5 帕（可在相关的仪器上测量），使厨房内产生的油烟气味不会往餐饮店飘散，以达到隔热、隔味的效果。

➤ 备餐间要设两道门

备餐间是配备开餐用品，准备开餐条件的地方。备餐间设计不好会出现餐饮店弥漫乌烟浊气、出菜丢三落四的现象。备餐间设计要注意以下两个方面：

(1) 备餐间应处于餐饮店、厨房过渡地带，以便于夹、放传菜夹，便于通知划单员，方便起菜、停菜等信息沟通。

(2) 厨房与大堂之间应采用双门双道。厨房与大堂之间真正起隔油烟、隔噪声、隔温度作用的是两道门的设置。同向两道门的重叠设置不仅起到“三隔”作用，还遮挡了顾客直接透视厨房的视线。

➤ 洗碗间传输方便

洗碗间的设计与配备得当，可以减少餐具破损，保证餐具洗涤及卫生质量，在设计时应处理好以下几个方面：

(1) 洗碗间应靠近餐饮店、厨房。这样，既方便传递使用过的餐具和厨房用具，又减轻传送餐具员工的劳动强度。当然在大型餐饮活动之后，用餐车推送餐具，是必要的。

(2) 洗碗间应有可靠的消毒设施。餐具消毒后，再用洁布擦干，以供餐饮店、厨房使用。

（3）洗碗间通、排风效果要好。洗涤操作期间，均会产生水气、热气、蒸气。这些气体，如不及时抽排，不仅会影响洗碗工的操作，而且会使洗净的甚至已经干燥的餐具重新出现水气，还会向餐饮店、厨房倒流。因此，必须采取有效设计，切实解决洗碗间通、排风问题，创造良好的环境。

➤ 必须配备烟感报警器

厨房内部有不少火灾隐患，如房内的燃气、油的泄漏，炉灶燃烧时产生的高温，烟罩内长期积累的油污等。如果平时管理不善或不注意保养、检查，一不小心就会引起火灾。因此，平时除了强化员工的消防安全意识，防患于未然外，在厨房间还必须装置必要的消防设施。如烟感报警器、喷淋装置、二氧化碳灭火器等。使用燃气的单位，在厨房内还应装置煤气泄漏报警器。

相关链接

厨房设计应遵循哪些原则

1.面积合理

通常，一个炉灶供应10～12个餐位，随着效率的提高，很多餐饮店做到了一个炉灶可供应13～15个餐位。一个炉灶供应的餐位越多，厨房面积就可以越节省，费用可以相应降低。

2.设备实用

新建或改造厨房时，不要片面追求设计效果或买设备只重外表，结果买回的设备板太薄、质太轻，工作台一用就晃，炉灶一烧就瘪，冰箱一不小心就升温。因此，设备一定要方便实用。

3.不同菜系配不同灶具

不同菜系、不同风格、不同特色的餐饮产品，对场地的要求和设备用具的配备不尽相同。经营粤菜要配备广式炒炉；以销售炖品为主的餐饮，厨房要配备大量的煲仔炉；以制作山西面食为特色的餐饮，要设计较大规模的面点房，配备大口径的锅灶、蒸灶。不考虑这些因素，不仅成品口味不地道，而且燃料、厨师劳动力的浪费也是惊人的。

4.隔区不宜太多

一个厨房进行无限分隔，各作业间互相封闭，看不见、叫不应，既增加了厨师搬运货物的距离，又不便互相关照、提高工作效率，更容易产生安全隐患。

细节16　厕所环境，重中之重

厕所也就是洗手间，洗手间是判断餐饮店对卫生是否重视的标准。因此，在设计时应遵循以下要求：

（1）洗手间位置应与餐饮店设在同一层楼，避免顾客上下楼不便。

（2）洗手间的标记要清晰、醒目。

（3）洗手间的空间要能容两人以上。

（4）绝不能与厨房连在一起，也不宜设在餐饮店中间或正对大门的地方，以免使人产生不良的联想，影响食欲。

（5）洗手间的地面要干爽，冲厕设备要经常检查，以防出现问题。

（6）洗手间的手池最好带台面，便于顾客使用，水龙头要美观、节水、简便易用。

（7）洗手间应准备必要的纸巾、洗手液等卫生用品，明亮的镜子也必不可少。

（8）最好安装排气扇，以保证卫生间的通风，排除异味。

【案例】

细节做到位的餐饮店，不只是对顾客吃饭的地方讲究，洗手间尽管只是餐饮店的附属部分，但绝不能马虎。一般的餐饮店不需要将洗手间装潢得跟星级酒店似的，但必须保证干净卫生。一瓶洗手液、一卷卫生纸又能花多少钱呢？

有一家餐饮店，在洗手间的墙上有一个袋子，其中装有各色的线和缝衣服的针，这是为了顾客万一遭遇裤子拉链坏了、衣服扣子掉了等特殊情况时，可以避免尴尬。其实能用得上这些针线的概率特别小，但这样的服务，的确细致周到得让人感动。

细节17 就餐氛围，要有讲究

➤ 色彩搭配

人的心理和行为与色彩的选择搭配有很大关系。主要包括以下几点：

（1）延长顾客的就餐时间，就应该使用柔和的色调、宽敞的空间布局、舒适的桌椅、浪漫的灯光和温柔的音乐。

（2）提高顾客的流动率，餐饮店最好使用红绿搭配的颜色。

（3）快餐店的气氛设计要以鲜艳的色彩为主，配合紧凑的座位、明亮的灯光和快节奏的音乐，一切以“快”为中心，突出快餐主题。

【案例】

王女士在她居住小区率先开了一家餐饮店，她在设计店面时也没有注重什么色彩之类的选择与搭配，就随便挑了宝蓝色作为墙面，而餐桌则选用的是大红色，餐椅为黄色。三原色在此济济一堂，整个环境显得极不和谐。

幸亏当时小区内仅此一家，顾客无从选择，所以生意未见萧条。但是好景不长，不久餐饮店旁边又有一家餐饮店开业了。这家餐饮店深谙色彩之道，选用了明媚温暖的橙色为主要基调，进行同类色与对比色进行搭配。整个环境显得轻松活泼，令人食欲顿开。所以该店开张以后顾客盈门，迅速占领了这个区域的市场，当然王女士的餐饮店顾客寥寥无几，最后只能停业重新装修以求转机。

王女士听从色彩学专家的建议之后，将原先宝蓝色的墙壁和黄色餐桌椅都换成了浅蓝色，结果劣势迅速扭转，前来用餐的顾客络绎不绝。但是又出现了新的问题：人们用完餐后迟迟不走，影响了翻台；王女士只得再次求教专家，将餐饮店里面的主色调改为橙色系列，结果事如所愿，顾客依然盈门，而且用餐时间周期缩短，增加了餐饮店的翻台率。究其原因，因为蓝色带给人安宁、清雅之感，疲劳了一天的人们希望在此得到休息；而活泼的橙色在激起人们食欲的同时，也使长时间停留在此环境中的顾客坐立不安，从而缩短了用餐周期。

➤ 布置陈设与装饰

餐饮店的陈设与装饰设计和布置是体现餐饮店文化氛围的重要方面，是餐饮店文化层次高低雅俗的一个标志。陈设与装饰是在各个细部上处处提醒顾客这家餐饮店的与众不同。餐饮店工艺饰品的陈设一方面显示了餐饮店的文化层次，另一方面对餐饮店主题的塑造也有举足轻重的作用。

餐饮店室内陈设种类繁多，兼容巨细。它们能美化餐饮店室内空间、界面或部分室内构件为主，具有美好的视觉艺术效果。

（1）表现某种艺术风格流派、文化信息，其中尺度大者常常成为餐饮店的标志、中心主题，尺度小的如门把手、杯垫图案也与整个餐饮店的装饰风格一致。

（2）给人愉悦之感并且具有识别性，品种从布幔、壁挂、织物、雕塑、工艺摆设到盆景、灯座等应有尽有。

（3）提供给顾客的使用物品也经过高度的艺术加工，使餐具、烟灰缸、餐巾、菜单等物品具有优美的轮廓与图案，在方便顾客使用的同时，给顾客留下美好而深刻的印象。

➤ 餐座配备

餐座配备也是构成餐饮店良好气氛的关键之一，餐座配备要根据餐饮店的气氛、装修档次、消费层次及经营特色来确定。餐座选好了，餐饮店的魅力会与日俱增。

一般来说，装修档次越高，餐座配备越精致、豪华；普通的餐饮店的餐座使用木质方桌的较多；快餐店则习惯于使用坚硬的塑料椅和塑料桌。

相关链接

如何配置餐椅

餐饮店餐椅种类与风格选择应该根据餐饮店的整体环境氛围而定，使餐椅的用材、造型、色彩及图案装饰都与餐饮店整体风格保持和谐，并在注重功能的前提下体现装饰效果。

餐椅按制作材料分有木制椅、竹制椅、藤制椅、皮制椅、布制椅、弹簧椅、塑料椅、石椅、陶瓷制椅、金属制椅等。

其中木制椅的种类很多，应用也最广泛，较名贵的有檀木、红木、柚木、核桃木等；藤制餐椅的优点为质地坚韧、色泽淡雅、造型多用曲线；竹制餐椅的优点为简单凉爽；金属制餐椅给人的感觉是精巧流畅，餐饮店常采用金属管的折椅；石椅与陶瓷制椅则带给人古朴典雅的感觉。

➤ 餐椅高度

餐椅的高度正常在42厘米左右，椅背高度为72～76厘米，并且与餐桌的高度有相应的比例。座位设置应该按照餐饮店面积大小及座位的占地空间作适当配置，使有限的餐饮店面积最大限度地发挥其价值。

➤ 餐桌面积

经营正餐的餐饮店面积指标应相应较大，经营面点小吃的餐饮店面积指标相应较小；餐饮店等级越高，供菜及对服务方式的要求就越高，面积指标也越大；餐饮店大则面积指标相对较低，餐饮店小则面积指标相对提高；不同的餐桌形式产生不同的面积指标。

➤ 温度、湿度和气味

1.温度

针对不同的季节，餐饮店的温度也应有所调节。餐饮店的最佳温度应保持在24℃～26℃之间。

2.湿度

档次较高的餐饮店，应该用较合适的温度来增加舒适程度，给顾客轻松、愉快的感觉；快餐店，温度要求可稍低一些。适宜的湿度，可以通过加湿器等设备达到。

3.气味

良好的气味，可以利用空气清新剂、通风等办法或是采用烹饪的芳香来体现。

细节18　装修期间，注意防火

餐饮店经营者一定要注意在装修中预防火灾。如果无法亲自监督，也要安排相应人员在施工现场进行指导。

➤ 不能使用明火

不能在施工现场使用明火，工人不能在现场吸烟，更不能用明火做饭。如需使用电焊之类的作业必须提前到物业等地备案。

易燃物品应相对集中放置在安全区域并应有明显标志。由于涂料、油漆、木料、地板等装饰材料属于易燃物品，因此材料运抵现场后，必须妥善保存。施工现场不得大量积存可燃材料。易燃易爆材料的施工，应避免敲打、碰撞、摩擦等可能出现火花的操作。配套使用的照明灯、电动机、电器开关应有安全防爆装置。

➤ 防火涂料

卫生间和厨房吊顶中使用的木龙骨一定要刷防火涂料。给木龙骨刷防火涂料能阻燃、一旦发生火灾能起到延缓火势的作用，因此，千万不能省略这道工序。在吊顶等隐蔽工程完工之前，一定要检查是否按照规范程序施工，一定要检查防火涂料的涂刷情况。

➤ 尽量多用阻燃材料

目前，轻钢龙骨、石膏板等越来越多地用在装修中，阻燃材料的应用有利于防火安全。室内吊顶、墙面，地面和基层都应尽量采用非燃或难燃材料，以便尽量减少火灾危险性。

相关链接

如何寻找装修公司

想寻找比较好的装修公司，可以采用以下渠道：

（1）当地的室内装饰行业协会咨询了解，哪些装修公司是真正的优秀企业。

（2）通过朋友的介绍。

（3）在网上查阅相关资料，如今网络资源是一个最大的免费资源，可以利用网络寻找到合适的装修公司，是一个既经济又实惠的好方法。

（4）去家装市场了解，那里有许多公司。

（5）查阅报纸、杂志中的有关版面，那里有不少相关公司的广告。

同一家公司的不同施工队的能力可能大不相同，即便公司可信，也要再了解施工队伍。

细节19　手续不齐，切莫开店

➤ 餐饮服务许可证

餐饮服务许可证所需要提交的申请资料，主要包括：

（1）餐饮服务许可申请书。

（2）预先核准名称的证明。

（3）餐饮服务场所使用证明和设备布局、工艺流程、卫生设施等示意图。

（4）提出申请的餐饮服务经营者，其法定代表人或业主的身份证复印件。

（5）食品安全管理人员培训合格证明复印件。

（6）保证食品安全的规章制度。

（7）法律、法规、规章、标准、规范性文件或省级食品药品监督管理部门规定的其他材料。

餐饮服务许可证是餐饮店最重要的证书，没有餐饮服务许可证的餐饮店是严禁营业的。餐饮服务许可证在餐饮店所在地主管卫生的防疫站办理。经营者要提供餐饮店的平面布局示意图，供卫生防疫人员审查修改。考察重点为以下项目：

店面布局、操作间、消毒设备和方法、库房、卫生间、宿舍、用具存放、员工体检、卫生措施（在卫生防疫站的指导下，按照《中华人民共和国食品卫生法》的规定制定餐饮店的卫生措施）。

➤ 环保审批

环保审批由所在地区主管环保局办理，主要审批项目为：噪声、排污（污水、油烟）。餐饮店经营者要提供餐饮店位置平面图，并注明周边环境情况及近邻建筑物的使用性质，由环保局派出人员实地查验。

检验合格后，由主管环保局在申请开业登记注册书中有关部门意见栏内签署“同意开业”，并加盖公章。

➤ 消防审批

消防审批由所在地区主管公安局消防科办理。在工商局领取申请开业登记注册书后，到所在地区主管公安局消防科申请办理消防审批。餐饮店经营者要提交申请书、餐饮店位置平面图。领取“防火安全重点行业审批表”。由消防科派防火检验员检查验收。消防审批以下项目：

防火责任制、燃料、特别是液化气罐的存放位置；厨房、电源、电路等有无火灾隐患；室内装修采用可燃物的，如竹、木、壁布等，要做防火阻燃处理；按照消防科的要求配备足够的灭火器；要定期对员工进行防火教育、训练，举行灭火演习和考试。安全培训要做到制度化。

检验合格后，由防火检验员签署检验合格意见，并加盖公安局防火检验专用章。

➤ 工商登记

工商登记是企业取得合法经营资格的必要法律程序。新成立的餐饮店应到所在地主管的工商局办理开业登记。

餐饮店办理开业登记，应当在主管部门或者审批机关批准后30日内，向登记主管的工商局进行审查。办理开业登记的餐饮店，首先应申请企业名称，经核准后，持“企业名称预先核准通知书”到登记主管的工商局领取企业申请开业登记注册书，登记注册的主要事项为：餐饮店名称、住所、经营场所、法定代表人、经济性质、经营范围、经营方式、注册资金、从业人数、经营场所面积、经营期限、分支机构。

工商局核准登记后，向企业法人签发企业法人营业执照；向非法人企业或者非独立核算的企业分支机构签发营业执照。在领取营业执照以前，不得以餐饮店的名义从事经营活动。营业执照签发日期为餐饮店成立日期。

➤ 税务登记

餐饮店自领取营业执照之日起30日内，向主管税务机关申报办理税务登记。在主管税务机关领取税务登记表并如实填写。税务登记表的主要内容包括：餐饮店名称、法定代表人或者业主姓名及其居民身份证及其合法证件的号码；住所、经营地点；经济性质；企业形式、核算方式；经营范围、经营方式；注册资金、投资总额、开户银行及账号；经营期限、从业人数、营业执照号码；财务负责人，办税人员；其他有关事项。

填报税务登记表时，应当根据不同情况提供下列有关证件、资料：营业执照；有关合同、章程、协议书；银行账号证明；居民身份证及其他合法证件；税务机关提供的一切其他有关证件、资料。

其中，提供房屋租赁合同时，要提供房主房产税的完税证明。税务机关应当自收到税务登记表和有关证件、资料之日起30日内审核完毕，符合规定的予以登记，并发给税务登记证件。餐饮店凭税务登记证件购买发票。

➤ 有关手续

（1）行业管理登记，领取营业执照后，到所在地饮食行业管理办公室办理行业登记手续，包括餐饮店定级、缴纳行业管理费，参加有关活动等。

（2）办理烟草专卖证，经营香烟需在领取营业执照后，到所在地主管烟草专卖局办理。

（3）办理文化项目经营许可证，兼营歌舞等文化娱乐项目的，要在领取申请开业登记注册书后，到所在地主管文化局办理文化项目经营许可证，经批准后到公安局特别行业管理部门备案，并在申请开业登记注册书上签署意见。

（4）办理工资本领取营业执照后，到所在地主管劳动行政管理部门办理工资本，作为向银行提取工资现金的依据。

（5）物价审核领取营业执照和办理行业定级后，到所在地主管物价办理有关的物价审核手续。包括价签、菜单、菜品和确定烟草饮料的毛利率或综合毛利率等，报主管物价局备案。

（6）办理酒类经营许可证领取营业执照后，到有关的工商管理部门办理。

（7）市容管理审批，领取营业执照后，到所在地市容管理部门签订“门前三包”责任书。门面装修特别是灯箱、招牌、广告等户外设施，要报市容管理部门审批、备案。户外增加临时建筑或设施的，如凉棚、隔间等，除报市容管理部门批准外，还要经规划部门批准。

细节20　设备用品，厨房必备

厨房设备和用品的采购由餐饮店投资者或其指定人选同主厨负责购买。

➤ 确定销售商

在采购之前为了使自己采购的设备、用品价质相符，并得到可靠的售后服务保障，要先对设备、用品的销售商进行调查了解。调查的方法除在同行中侧面了解、询问外，更重要的是亲自观察、洽谈以获得直接的了解。观察的重点是其经营、管理是否规范，品种是否齐全，服务是否热情周到和提供的服务内容有无送货上门和调试服务，是否有商品的质量、售后服务等保障和退、换商品的条件及处理办法。还可以从发证时间上了解其开业经营时间的长短。从门市展示的商品品种和数量及店面的布置上，可以反映其实力和管理水平。

➤ 确定设备、用品品牌

好的品牌自有口碑，质量、服务也有相当的保障。当然，名牌产品难免有假冒，选择有实力、商誉好的销售商，他们一般不会冒销售假冒产品的风险，因为这样会损害自己的声誉。

➤ 确定价格

（1）确定产品规格，以保证使用为前提。

（2）选择与本餐饮店相适应的档次。

（3）最后在此基础上确定质量和价格。

明确销售商所报的价格是否包括送货、装卸、安装、调试等费用，还有按总采购金额确定是否另外收费。在确定好要采购的具体设备和用品后，应选择可以供应品种最多的一家销售商，这样可以因采购量大而要求销售商给予一定折扣的优惠。

➤ 省钱途径

如果想在购置厨房设备上更省钱，可以通过以下途径达成：

(1) 去旧货市场淘淘，这要看运气，有时候这里有成套的厨房设备，有的是库存品，也有一些是二手货。

(2) 直接找到厨房设备厂家，目前有不少厨房设备厂家在卖新货的同时，还回收一些酒店的旧设备，通过他们买这些二手货，比买全新的设备要节约 2/3 的钱。

相关链接

怎么挑选餐具

餐具是餐饮店最重要的用品之一，同时餐具又是餐饮店最易损耗的物品，是餐饮店最经常采购的用品之一。

餐具的美观和完好是餐饮店状况良好的表现。如果质量不好，不但观感差，而且更易损坏。因此，餐具也应购买正规厂家的合格产品。挑选餐具应该从以下几个方面入手：

（1）用料主要可通过手感检验。摸壁厚，掂分量，重者为佳；手敲听声，声音清脆者为佳。

(2)外形主要可通过目测检验。盘、碟等要看平整度；碗、盅等要看口的圆度；玻璃器皿要对着光线查看有无气泡。

（3）釉彩，釉面均匀、色彩一致、无气泡杂质者为佳。

（4）款式多样、样式新颖。

（5）传统的花色有印花、玲珑等，要根据餐饮店的风格、菜系进行选择。

细节21　员工招聘，必须试用

➤ 招聘厨师

厨师是餐饮店经营的主要生产人员，一般由主厨(兼头火)、二火(中型餐饮店有些还设置三火)、配菜、凉菜、白案(面点)等岗位确定。他们必须具备相应的技能，其水平应满足餐饮店档次的需求，同时还要达到相互之间协调工作、配合的状态。

由于各地的风味不同，各餐饮店经营的具体内容也不一样，在招聘厨师中应提前考虑，根据不同的风味招聘不同的厨师。

1.社会招聘

社会招聘，以报纸刊登广告招聘和他人介绍招聘两种。所选中的厨师，首先应考虑工作经历、经验以及技术、技能、专业知识面、在行业中的知名度以及管理厨房和用人的能力。

2.学校招聘

餐饮店经营者应先与有关专业厨师培训学校、职业高中提前签订用人合同。适时到当地面试选择合适的厨师，以组成厨师班子。

3.注意事项

(1) 在面试合格的基础上，注意厨师的综合素质，主要考核专业技术、技能、协作精神以及责任心。要有相应的技术等级证书。

(2) 无论哪一种方式招聘的厨师都应试工后再正式录用，以便更确切地了解厨师的真实情况，以防名不副实，影响工作。

➤ 服务员

在招聘餐馆服务人员时，可参考以下方法：

(1) 注重考核，服务人员的文化知识、形象、反应能力、工作态度都要进行面试。

(2) 服务员的来源应尽量从专业技校、高校毕业生中招聘。她们具有基本素质和业务基础以及应变能力，对岗前培训接受较快，能独当一面。

(3) 领班应通过业内有关人员介绍，年岁相当、技术过硬、思想稳定、为人正派、工作能力较强，由业内有经验的人担当。

(4) 不管哪一类服务人员，在招聘上岗前，都应进行企业内培训，并实行定期试岗，以达到更好的效果。

➤ 员工合同事项

餐饮店应当与其所聘用的员工签订书面的劳动合同。必须依据有关法律、法规签订。

一般来说，餐饮店经营者应当与聘用的员工签订书面的劳动合同。必须依据有关法律、法规签订。员工合同应包括以下内容：

（1）期限。为员工在餐饮店工作的正式起算日期至劳动合同终止日期的时间，一般不少于一年。

（2）工作内容。员工的工作岗位或职位及要求等。

（3）劳动保护和劳动条件。工作条件、工作时间、安全措施和吃、住、劳动用品、服装、卫生条件以及劳动保险、休息休假、福利等事项。

（4）劳动报酬。工资、奖金、年终分红以及发放时间等。此外，明确规定超时工作、值班、临时加班、免休、节假日工作要给予补贴。

（5）劳动纪律。员工必须遵守的餐饮店制度。如出勤、请假销假；服从领导、执行操作规程、完成工作任务、端正工作态度、遵守卫生制度；爱护餐饮店的各种设施、设备和用品；节约成本、减少浪费；维护员工间的团结等。

（6）劳动合同终止。劳动合同终止的条件即在劳动合同期满前终止劳动合同的条件。

（7）违约责任。违约责任是指当事人双方中的一方违反劳动合同后应承担的民事责任。

（8）试用期。根据岗位不同一般为 1 ～ 3 个月。

（9）保密事项。员工必须对外保守餐饮店的经营状况、方法、利润、工艺、配方等商业秘密。

（10）法律效力。双方签字盖章后即产生法律效力。餐饮店可以按照自己的情况制定格式合同。

细节管理三

餐饮店基本服务

细节22　接受预订，别忘确认

无论是电话预订还是当面预订，一定不要忘记对预订进行确认，以免出现信息记录错误。比如："李小姐，您明晚所预订的一桌，共6个人，定在××房，对吧？" 确认顾客的电话、姓名，告知顾客预订餐位的最后保留期限。

【案例】

小李是某餐饮店预订员，星期六她接到某旅行社的电话预订，要求安排100位顾客的晚餐，每人餐费标准45元，酒水10元；其中有8人吃素。时间定在星期天12时，付账方式是由导游员签账单。小李将预订人姓名、联系电话、顾客人数、旅游团代号、导游员姓名、顾客的特殊要求等一一记录在预订簿上。

星期天12时该旅游团没有到达。此前小李曾与旅行社联系进行过确认，但都没有更改预订的迹象，因此，小李对其他预订均已谢绝。12时30分，该团仍无踪影。由于是周末，该店上座率非常高，望着那一桌桌菜凉的餐桌，大家都着急了。经理急忙作出决定，一方面让小李继续与旅行社联系，一方面允许已经上门没有预订的散客使用部分该团预订的餐桌。同时他与其他餐饮店联系，准备万一旅游团来了使用其他撤台的餐桌。

经联系，旅行社值班人员讲，预订没有改变，可能是由于交通堵塞问题造成团队不能准时到达。1时30分，旅游团才风风火火地来到。导游员告诉餐饮店，有20人因其他事由不能来用餐，还有80人用餐，其中有6人吃素。经理急忙让服务员安排，并回复导游员，按规定要扣除这20人的预订超时和餐食备餐成本费用，比例是餐费的50%。

由于团队到达时间晚，有些预订餐桌没有动，餐厅内散客的撤台率较快，加上旅游团少来了20人，所以80个顾客到达后马上得到安排。

相关链接

接受电话预订程序

1.问候顾客

（1）电话铃响三声之内接听电话。

（2）主动向顾客问好，并准确报出餐饮店名称及自己的姓名。比如："您好，××餐饮店，我是服务员/预订员××。"

（3）及时表示愿意为顾客提供服务。比如："有什么事情需要帮忙？/很高兴为您服务！"

2.了解需求

（1）对报出姓名的顾客，应称呼其姓名，如："欢迎您，王小姐！"以示对顾客的尊重。

（2）仔细聆听顾客介绍，了解顾客的身份、用餐时间、宴请对象、人数、台数及其他要求。

（3）征得顾客同意后为其安排相应包房或餐台，并告知顾客包房房号或餐台台号。

（4）大型宴会预订，要请顾客面谈。

3.接受预订

（1）复述预订的内容，并请顾客确认。

（2）请顾客留下电话、姓名。

（3）告知顾客所订餐位的最后保留期限。

（4）向顾客致谢并道别。

4.预订通知

（1）填写"预订单"。

（2）定好菜单的预订或大型宴会预订，立即通知餐饮店经理、厨师长、采购部门。

（3）未订标准或菜单的，只通知餐饮店即可。

（4）有特殊要求的预订，要及时通知餐饮店总领班和厨师长。

5.预订记录

（1）将预订内容记录在预订登记本上。

（2）将登记本保存好，并及时存档。

细节23 根据人数，选用餐桌

➤ 不同餐桌使用人数

由于用餐顾客的人数不同，所以，应根据顾客的人数选择大小适宜的餐桌。以圆桌为例：

（1）150 厘米的餐台适宜 4 ～ 6 位顾客使用。

（2）160 厘米的餐台适宜 6 ～ 8 位顾客使用。

（3）170 厘米的餐台适宜 8 ～ 10 位顾客使用。

（4）180 厘米的餐台适宜 10 ～ 12 位顾客使用。

（5）200 厘米的餐台适宜 12 ～ 14 位顾客使用。

（6）220 厘米的餐台适宜 14 ～ 16 位顾客使用。

（7）240 厘米的餐台适宜 16 ～ 18 位顾客使用。

➤ 满座领位

（1）在餐饮店的高峰期，所有的餐桌都已坐满，服务员应耐心向顾客解释，给顾客安排合适的地方等候。比如，在餐饮店的一角设置茶吧、酒吧，这样不但可以分散顾客等候的注意力，而且还能给酒吧、茶吧带来更多的收入。

【案例】

小李是某餐饮店的领位员，浑身充满活力，深受顾客喜欢。她说：“不管怎么样，我从不把坏情绪带到工作中去！始终为顾客着想。”

有一天餐厅爆满，就连下午茶的桌子也被临时翻台搭座。小李也十分累。这时门口一下子涌进来十位顾客。小李立刻抖擞起精神，热情迎候。顾客要求拼台坐在一起。

“从哪儿找台拼呢？”面对人声鼎沸的餐厅和川流不息的顾客，小李焦急万分：“请先生们稍等，我马上想办法。”离开引座台，她仔细搜寻，可是没有可拼合的座位。于是小李建议顾客分开坐，等有桌子再拼。但顾客坚持要坐在一起，并说："我们是常来的，这个忙你一定要帮。""你们这么大的店，会没有地方？" 小李见顾客打定主意要在这里用餐，她灵机一动，提出请他们先到茶座喝点饮料，等一有空位就通知他们。顾客立即赞同，没有多久，顾客如愿坐在了铺着崭新台布、拼在一起的大桌旁愉快地进餐了。

(2) 服务员应为带孩子的顾客准备一些小零食、玩具等，孩子的哭闹往往会使等待的顾客更加心烦，用零食和玩具吸引孩子的注意力，孩子玩得高兴，大人更放心。

(3) 在没有座位时，应如实告诉顾客需要多长时间才能有座位，由顾客决定是否继续等待。如果顾客时间有限，则应建议顾客去就近的餐饮店用餐，这样可以增加顾客的满意度。

(4) 满员时，有时有的桌子还有空座，这时服务员可以征求顾客的意见，如果顾客不介意与其他人合用一桌，服务员可以做并桌处理。要注意，事先要征求已用餐顾客的意见，经同意后方可实行并桌。

相关链接

如何将顾客带到合适的位置

迎宾将顾客交付给领位员，领位员带位时一定要遵从以下要领：

(1) 领位员首先要注意顾客的人数以及到来的先后次序，如果先来的顾客等在一旁，看到后来的顾客受到招待，将使他们非常气恼。

(2) 领位员要根据顾客的具体情况、具体要求为顾客安排适合的座位。在顾客就座时，为女士拉椅子，在所有餐桌都坐满或均已定出时，领位员要向顾客解释清楚，让顾客耐心等待。

(3) 如果顾客有约，一般会提出要"老座位"、"安静的座位"等要求，那就按顾客的要求安排座位，但是更多的顾客是无约而来的，这就需要服务员推断出顾客所喜欢的座位。

(4) 带领顾客到一个座位时，除非顾客另作选择，千万不可改变主意，更不能犹豫不定、变换座位。在餐饮店中往返找寻座位，使顾客无所适从，是最尴尬而不恭的事。

（5）领位员应走在顾客前面，步伐节奏不快也不慢，保持适当距离，约在顾客前两步左右。

（6）带位先带至餐饮店的前段明显之处，其次以哪儿少往哪儿安排。

（7）领位员同时要顾及到顾客心理感受，以决定其座位的安排，如常客往往对曾坐过的位子有偏爱。

（8）双人座，宜安排单身的顾客（通常喜近窗得以远眺），或一对异性或同性至幽静处入座。

（9）中央位置，安排三人以上而装扮入时的人士入座，顾客的体面是餐饮店的光彩。

（10）内角不碍通道的座位，宜安排携带能走动孩童的顾客入座，以免孩童活动奔走妨碍服务工作并打扰别的顾客。

（11）出入口隐蔽处，适于较年长及行动不便顾客入座，以便利其行动；身体残缺者，以方便而又隐蔽为宜。

（12）带位切忌为不相识顾客并桌，尤其是单身女客，千万勿随便带其与陌生顾客并桌。

（13）如顾客对所带至的座位不满意，或要求调换时，不可借故拒绝，应尽快安排顾客至满意的空位就座。

细节24　中西摆台，各有讲究

中餐宴会摆台

1.确定主人席位和主宾席位

一般情况下，可将主人的席位安排在餐饮店门口的正中央位置，将次主人的席位安排在主人席位对面，以便更好地招待顾客。

主宾位置安排在主人位右侧的首席位置上，表示主人对顾客的尊重，次主宾安排在主人位的左侧位置或是次主人位右侧的位置。

2.铺台布

宴会圆桌铺台布有以下几种方法：

(1) 手推式。先将台布打开，正面朝上，左右两手捏住台布的一边，两手距台布中缝线各约50厘米，其他部分用四指夹住，将台布放置胸前，把台布向外抛出，再拉回来，使得台布的中线对准正、次主人席位，十字的中点落在餐台的圆心上，四角垂直地面，台面平整。

(2) 撒网式。先将台布整理好后，双手从左到右向前用力将台布抛出，像撒鱼网一样，再将台布拉回桌面来，拉回桌面后，整理台布。

(3) 抖铺式。先将台布打开，平行打折后将台布提起，利用手腕和手臂的力量将台布的一边抛向餐桌面的前方，台布四角垂直地面，整理台布。

3.摆骨碟

将餐具摆放在盘内，左手托盘，右手摆放，从主人的位置开始，按顺时针方向依次进行。

4.摆汤碗和汤匙

汤碗应放在骨碟的左侧稍微偏上位置，汤碗边缘与骨碟边缘距离约2厘米，汤匙放在汤碗内，匙把位于右侧。

5.摆放酒杯

葡萄酒杯摆放在骨碟的上方，距骨碟边缘1.5～2厘米。葡萄酒杯的右边摆放白酒杯，两种酒杯的间距保持1厘米。将水杯放在葡萄酒杯的左侧，三个杯应当放在同一直线上。

6.摆放筷架和筷子

将筷架摆放在骨碟和酒杯的右侧。筷架如果是两用的，在其左边摆放长柄汤匙，中间放牙签，右边放筷子。筷子的尖端处距离筷架约5厘米，末端距离桌边约1.5厘米，筷子的末端与牙签的末端平齐。

7.摆放公用餐具和其他用品

一般公匙、公筷摆放在主人位前转台边沿上。调味品放在台布中缝线的转台边上，与公匙、公筷一起排成十字形。花瓶放在餐桌的中间。烟灰缸摆放在主宾位和次主宾位的右侧。台号放在餐桌的正中，靠近花瓶。席位签放在汤碗的下边。台布应与桌椅垂直。餐椅与餐椅之间应保持距离相等。

相关链接

不同数量餐具的摆放

应根据顾客的需要决定摆放餐具的数量，通常可在常用餐具的摆放位置上酌情增减。

1. 四件餐具

四件餐具分别是骨碟、汤匙、白酒杯、筷子和筷架（筷架不计入件数）。骨碟放在餐桌边并正对座位，盘边离桌边1.5厘米，酒杯放在汤碗上方偏右，汤匙放在汤碗中间，匙柄向右，将筷子放在骨碟的右边，筷子头离桌边1.5厘米，筷尖伸出筷架5厘米，餐纸放在筷子的右边。

2. 五件餐具

在四件餐具的基础上加入味碟。味碟放在骨碟的左上方处，白酒杯放在骨碟的右侧上方处，餐纸仍放在筷子的右边。

3. 六件餐具

在四件餐具的基础上加入味碟和水杯。水杯放在白酒杯的左边，两种杯并排，水杯中插入口布花。

4. 七件餐具

在四件餐具的基础上，加入味碟、水杯和红酒杯。红酒杯应当放在水杯和白酒杯的中间，既可以排列成一排，也可以让红酒杯向前突出一些。

5. 八件餐具

在四件餐具的基础上，加入味碟、水杯、红酒杯和口汤杯。口汤杯应放在骨碟的左侧上方，味碟放在骨碟的右侧上方，3只饮用杯排列在口汤杯和味碟的上方，可以按照一字形或半圆形排列。

6. 公用餐具

公用餐具是方便主人为顾客敬菜之用。一般而言，公用餐具有骨碟、汤匙、筷子，每桌应有两套。摆放公用餐具时，应先将餐桌的上下方各放一个骨碟，骨碟上面放汤匙，横着放筷子。

7. 其他物品

餐台中间或台角上放花瓶，花瓶前面放台号。台号的正面朝向大厅门口，烟灰缸宜放在离桌边3～4厘米处，牙签筒每桌1～2个，牙签筒应放在主人餐具和主宾餐具的位置为宜。

➤ 西餐摆台

1.摆放烟灰缸、火柴、盐椒瓶、花瓶、烛台

按照离主位的远近分别摆放：烟灰缸、火柴、盐椒瓶、花瓶、烛台。摆放时，花瓶位于台面正中；盐瓶在左，胡椒瓶在右，且与主位相对；火柴摆在烟灰缸上，磷面不允许直对顾客；另外，烛台仅限晚餐摆台时才使用。

2.摆放装饰盘

（1）将装饰盘摆放在正对椅子的位置处，以装饰盘为中心，按顺序摆放其他餐具。

（2）装饰盘的盘边距桌边约2厘米（以大拇指尖至第一关节的长度为准）。

（3）如果没有专用装饰盘，可用盛放肉类菜肴的餐盘代替。

（4）盘边有图案、文字的，字面或图案应正对顾客。

3.摆正餐刀、正餐叉

（1）首先要保持餐具清洁，员工不得用手直接接触刀面和叉顶端。

（2）正餐刀摆在装饰盘右侧，刀刃朝向装饰盘，距装饰盘约2厘米。

（3）正餐叉摆在装饰盘的左侧，距装饰盘约2厘米。

（4）叉柄底部、装饰盘盘边及刀柄底部应处于同一条水平线上。

（5）若是圆形餐桌，顺着桌边，将餐刀向右上移，将餐叉向左上移，其摆放方式比平行式更显自然。

（6）两套餐具相对摆放时，注意装饰盘与装饰盘、餐刀与餐叉、餐叉与餐刀一定要对齐。

4.摆放鱼刀、鱼叉

如顾客吃鱼，则应摆放鱼刀、鱼叉。在正餐刀的右侧摆鱼刀，在正餐叉的左侧摆鱼叉。

5.摆放汤匙

在鱼刀的右侧摆上汤匙。

6.摆放头盘刀和头盘叉

在汤匙的右侧和鱼叉的左侧分别摆上头盘刀和头盘叉。

7.摆面包盘、黄油刀、黄油碟

（1）将面包盘摆在头盘叉左侧，与装饰盘的下边取齐。正方形或长方形餐桌，面包盘的下边一般与装饰盘的下边平行；圆形餐桌，则面包盘的上边与装饰盘的上

边平行。

（2）将黄油刀摆放于面包盘上，刀刃朝向左侧。

（3）将黄油碟放于面包盘的上方。

8.摆甜品匙和甜品叉

在装饰盘的正上方由内而外依次摆放甜品叉和甜品匙，匙柄朝右、叉柄朝左。

9.摆放水杯和葡萄酒杯

（1）酒杯要洁净、无破损、无水迹、无指印、无异味。

（2）以正餐刀刀尖为基准，在其正上方2厘米处摆放水杯。

（3）在水杯左上方45度角处摆放红葡萄酒杯。

（4）在红葡萄酒杯左上方45度角处摆放白葡萄酒杯，两杯之间距离约1厘米。

10.摆放餐巾

将餐巾摆在装饰盘或面包盘上：

（1）一般在无图案的素底装饰豪华盘上摆餐巾。

（2）如果装饰盘上有餐饮店标志或图案，最好将餐巾摆在面包盘上。

最后再检查一遍各种摆台用具是否齐全、摆放是否正确。

细节25 顾客点菜，注意搭配

➤ 酒水与菜品如何进行搭配

1.体现菜品色、香、味的风格

西餐特别讲究“白酒配白肉、红酒配红肉”，清淡的鸡柳、海鲜食材，适宜配饮淡雅的白葡萄酒，两者搭配菜酒组合，相互辉映，互增晶透的白色；而浓厚的牛、羊肉，适宜配饮浓郁的红葡萄酒，映衬出浓郁、香醇的菜酒风格。

2.饮后不抑制食欲和消化功能

抑制人食欲的烈性酒、抑制人体功能的药酒和配制酒，都不适宜作佐餐酒，否则会对推销菜品产生阻力作用。

3.以辅助作用为主

佐餐酒是以佐为主，起到辅助菜品的作用。酒的口味不应该比菜肴更浓烈，更甜浓。在餐桌饮酒用量以适度、适量为规则。“豪饮”既伤身，又吃不出菜肴的美味。

4.口感对称和谐

(1) 色味淡雅的汾酒适宜配颜色清淡、香气高雅、口味纯正的菜肴或冷菜，可以达到清爽合宜的效果；干白葡萄酒应配海鲜，这样可以确保海鲜纯鲜适口，恰到好处。

【案例】

一天，张总请了四位朋友，习惯性地来到公司相邻的某餐饮店。点菜员小晶远远看到他们，便主动上前问好，将他们请到了张总平时最喜欢的小雅间。张总今天请的朋友中有一位老同学是从外地到此出差。“老同学，看你喜欢哪个菜，点几道。”老同学忙说：“你们点，你们点，我也看不好也不会点。”张总便诚意十足地为朋友点了“清蒸鳜鱼”，“盐水大虾”，一个花拼大卤水冷盘，4只大闸蟹，一个“银杏百合炒时蔬”，外带一瓶西凤酒。张总心想：“这几个菜保证朋友们会满意，这套吃法能降低胆固醇，还是从小晶那儿学来的。”可是酒过三巡之后，张总总觉得今天的菜肴好像没有味道，心里挺纳闷！朋友们也有此感觉。小晶当时感到疑惑，菜和平时上的一样，怎么今天顾客的表情看起来好像不太满意呢?

后来，小晶参加了餐饮协会举办的职业点菜员培训班。学习结束后，她才恍然大悟，原来酒水里面还有那么多的学问，怪不得上次张总他们吃得不怎么开心，问题就出现在那瓶“西凤酒”上。吃海鲜是不能喝烈性、高度白酒的，因为烈性酒抢去了海鲜的风头，再好的海鲜在烈性酒面前也显得苍白和暗淡。张总他们上次的海鲜最适宜点的酒水应该是竹叶青酒。

所以，以后每逢遇到顾客点海鲜时，小晶便推荐顾客适宜海鲜的酒。

(2) 色味浓郁的酒应配色泽多彩、香气馥郁、口味多样的菜肴，如泸州老窖宜配鸡、鸭、鹅菜肴（“风味烤鸭”、“贵妃鸡”、“铁锅烤大鹅”、“怪味鸡翅”），意在取其味道浓郁、醇厚、香馥。

(3) 咸鲜味的菜点应配干酸型酒，如“红烧排骨”、“滑熘肉片”宜与干红葡萄酒搭配。干酸型酒中的酸能分解骨、肉中的钙质成离子钙，有利于人体的吸收。

(4) 甜味的菜点，应配甜味型酒，如“蜜汁两样”、“拔丝香蕉”宜与红葡萄酒相搭配，令酒菜甜润，味道更美。

(5) 香辣口味的菜点则应选用浓香型酒，如“香辣仔鸡”、“香辣鸭架”宜与浓香型的五粮液、剑南春酒、古井贡酒、洋河大曲、双沟大曲、老龙口酒搭配。菜香辣，酒味纯正，饮酒品菜的气氛会更热烈，可将宴请推向高潮。

(6) 餐别不同，用酒不同。西餐菜品以选用西方洋酒为佳，讲究的是西餐的饮食习俗；而中餐菜品尽可能选用中国酒，讲究的是大家和睦相处的就餐气氛。一般葡萄酒属于中性酒，东西方人均可接受。

➤ 要满足顾客的个性需求

顾客满意是餐饮服务的第一原则，所有的搭配都要符合顾客的意愿。如果顾客自点的酒水违反了上述原则，则应按着顾客的意愿服务，但要给予提示性建议。

➤ 西餐酒水与菜品搭配

西餐用酒多以葡萄酒为主，但用餐过程中对酒的搭配有严格的规定。如餐前要饮用开胃酒，餐中要用佐助酒，餐后要用利口酒。

1.餐前酒（开胃酒）

开胃酒是以葡萄酒或食用酒精、蒸馏酒为酒基，加入多种香味各异的食料制成。具有开胃、健脾之功能。一般在餐前饮用。常用的开胃酒有“味美思”、“鸡尾酒”、“必打士酒”。

2.餐中酒（佐餐酒）

(1) 汤类：对于汤类一般不用配酒，汤在西餐中的作用也是开胃、润胃。如果有的顾客有个性需要，则可配制颜色较深一些的雪利葡萄酒。

(2) 头盆：头盆也称为头盘，大都是些较清淡、易消化的凉盘，可与干型白葡萄酒搭配。其中质量上乘的当属法国的勃艮第白葡萄酒。

(3) 海鲜：吃海鲜时，一般选用白葡萄酒而不用红葡萄酒，如法国的波尔多白葡萄酒和德国莱茵白葡萄酒，另外，玫瑰露酒在喝前必须冷冻。

(4) 畜肉、禽肉野味：酒精含量在12%～16%的酒水最宜。其中，鸡肉、猪肉、小牛肉最好用干红葡萄酒，如意大利的“干蒂红葡萄酒”和“玫瑰葡萄酒”，法国的“布娇莱”、“波尔多”红葡萄酒等；对火鸡、牛肉、羊肉等红色、味浓、不易消化的肉类，则最好用含酒精较高的红葡萄酒，如法国的“高夫红葡萄酒”和德国的“摩泽尔白葡萄酒”。

(5) 奶酪类：食用奶酪时一般以较甜的葡萄酒为宜。如果顾客不需要时，也可使用主菜的酒品。

(6) 甜食类：可选用甜葡萄酒和葡萄汽酒，如德国的“摩泽尔白葡萄酒”和法国的香槟酒。

3.餐后酒（甜食酒）

用餐结束后，可选用甜食酒、蒸馏酒等酒品。适合选用白兰地、可可汁。

➤ 菜品组合搭配

1.口味组合

口味是指餐单中菜品呈现的鲜咸、香辣、酸甜的比例与结构。菜品的口味体现了菜系的特征，也反映了地域的饮食习惯。点菜员在组合菜肴时，首先向顾客推荐当地口味特征的菜式，欢迎顾客品尝，但还要兼顾顾客的籍贯和地域饮食习俗。

2.制备方法组合

制备方法是指菜肴的不同烹调方法。如鲁菜中，制备方法以爆炒、扒、熘为主；川菜中的以干煸、小煎、小烧为主；苏菜以炖、煨、焖、焐为主；粤菜以油泡、爆、盐、焗、叉烧为主；徽菜以烧为主，不同的菜系突出不同的烹调方法。点菜员介绍菜品时要突出菜系类别制备方法的个性。

3.价格组合

餐单上每一类菜品中应有高、中、低的价格搭配，以满足不同消费能力的顾客需求。点菜员向顾客推荐菜品时，也要在一桌菜品中做到高、中、低档菜品兼选，才能使一桌菜的价位均衡，易被顾客接受。

在推荐上，只要把菜品搭配好，价格上均衡高、中、低的选择，使宾、主皆满意，这是选择推荐菜品的巧妙之处。

4.数量组合

(1) 菜品的规格结构。用不同规格的器皿盛装不同标准规格的菜品，以满足不同消费者和不同顾客人数的需求。按菜品量的盛装规格可分为例盘、中盘、大盘。

(2) 菜品数量结构。餐单中菜品的总数和每道菜的分量。菜品的数量应与就餐人数相一致。

(3) 菜品数量内部结构。包括菜品数量内部的各菜式规格标准。以不同人数就餐需求来明确菜品分量标准。同时要注意数量确定后内部菜品荤素搭配也要合理。素菜多了会使人感到淡而无味，冲淡就餐气氛；荤菜多了又会令人觉得腻口。

5.营养结构组合

营养结构是餐单上菜品所含营养成分与比例的结构。整套餐单中，菜品营养结构要合理搭配，即各种菜品的食材组合要包括以下营养素：蛋白质、脂肪、碳水化合物（淀粉）、维生素、粗纤维、矿物质、微量元素等。这要求菜品食材搭配要兼顾各自的营养，相宜组合。

因为顾客消费以荤素菜为主，所以适当加入主食和点心，对平衡膳食、营养互补能起到良好的作用。

在餐单中，肉类、海鲜类、禽肉、蛋类等食材组合的菜品蛋白质含量高一些；甜品类含糖高；肥鸭、肉食鸡的脂肪含量相对多一些；蔬菜、瓜果类的维生素相对多一些；海植物类、豆制品、时蔬等含矿物质多一些。

相关链接

点菜前，要做好三大工作

1. 记住推荐菜

餐饮店为了满足顾客的需要，在菜肴原料的选取上、烹调方法上、菜肴口感和造型上不断地推陈出新，同时，在每一天或每周会推出一道或几道特色菜、风味菜供顾客品尝。点菜员必须记住这些菜肴的名称、原料、味道、典故和适合的顾客群体，以顺利地将菜品信息及时传递给顾客。

2. 记住沽清菜

沽清单是厨房在了解当天购进原料的数量缺货、积压原料的情况后开具的一种推销单。也是一种提示单。它告诉服务员当日的推销品种、特价菜、所缺菜品，以便服务员对当日菜式有所了解，避免服务员在当日为顾客服务时遇到尴尬、难堪、指责等情况。

后厨开出当天的沽清单后，通常会与前厅负责人协调，列举当日原料情况以及最适合出品的菜肴，并介绍口味特点、营养特点、季节特点等普通服务员难于介绍的专业知识。所以，点菜员须记住沽清菜，在介绍菜品时，就要相对有倾向性地介绍。当顾客点到当天没有的菜品时，一般可以以“对不起，今天刚刚卖完。”来回答，然后要及时为顾客介绍一道口味相近的菜品，这样顾客从心理上比较容易接受，也不会引起顾客抱怨。

3. 记住熟悉菜牌

了解所推销菜式的品质和配制方式，介绍时可作解释，在点菜过程中，顾客不能决定要什么时，服务员可提供建议。最好是先建议高、中等价位的菜式，再建议便宜价位的菜式。因为高、中档菜的利润较高，且有一部分菜的制作工序较简单，在生意高峰期尽量少点一些加工手续比较繁锁的造型菜和加工时间较长的菜，否则会加大后厨的工作负担。并且由于后厨太忙，可能会影响它的上菜速度造而成顾客投诉。

细节26　点菜完毕，再次确认

（1）待顾客点完菜后，服务员一定要记得与顾客确认点菜结果，清楚地重复一遍顾客所点菜肴内容，以免造成误解，引起顾客的不满。待顾客确认后说："谢谢，请您稍等。"

【案例】

王先生一家人到某餐饮店聚餐。落座后，服务员小李拿来了菜单，"先生，请您点菜?"

"你们点！"王先生对太太和孩子们说。

"爸爸，爸爸，我点！"7岁的女儿喊道。"我也点！我也点！"5岁的儿子也不甘示弱。

"别着急！不许喊！"妈妈对两个孩子说，"今天爸爸请客，你们都有份！"

"来个'百合鱼米'、'蟹黄豆腐'、'黑椒牛扒'……"王太太说道。"妈妈，我要这个！""我要这个！"两个孩子指着菜单上的图片又嚷嚷起来。小李看了一眼，顺手记了下来。

"好，就这些吧！麻烦你快点上！"王太太对小李说。

不一会儿，菜一道道地端了上来。"咦！不对呀！服务员，你过来一下！"王太太指着桌上一道菜，叫住了刚要转身离开的服务员，“我们没点这道菜。”

服务员对了一下点菜单，说：“没错呀!点菜单上写着有这道菜。”

“可我确实没点呀!”王太太强调说。看到这一幕，值班经理连忙走过来。了解了事情的原委，经理叫来了小李。经过询问得知，原来是小李把两个孩子指的菜也写了下来，而且在点完菜后忘了向顾客复述所点的菜。“你再跟王太太确认一下，看看还有没有其他问题!”经理对小李说，然后又对王太太说：“王太太，实在对不起!给您添麻烦了，这道菜就算是我们赠您的，希望您谅解!也希望你能再次光临！”

(2) 复述完毕，再次确认一遍在订单的右上角注明订单的时间，以便查询。

(3) 收回菜单并向顾客致谢，同时请顾客稍等，说明大致的等候时间。

相关链接

菜单填写，准确记录

1. 常见菜肴单位计量

中餐菜肴的计量单位，因顾客人数、需要菜品的分量及盛装器皿的不同而有所不同。高档名贵海珍品有的按份、有的按例。菜品不同，规格不同，分量也不同，因此计量单位各不相同。海鲜和肉类，一般用斤和两作计量单位，现在一般按国际统一计量单位千克或克来作计量单位。

菜肴的分量除可用大、中、小例表示之外，也可用阿拉伯数字来注明。不过无论用哪种单位计量都要注明该单位盛装菜品的净样数量，以达到买卖透明，便于顾客监督。

2. 记入菜单码数

菜的配制按码盘数量一般分为大、中、例（小）盘。一般炒时蔬的例盘量为 4 ～ 8 两，即 200 ～ 400 克。如净炒苦瓜为 200 克（1 例盘）；荤素搭配，如肉片炒苦瓜，则需要用肉片 100 ～ 150 克，苦瓜为 150 ～ 200 克，合计量为 300 克左右。

以汤菜为例，1 例盘汤的分量为 6 碗（小碗），供 2 ～ 5 位顾客的用量。

3. 写菜要求

（1）准备好笔和点菜夹，将带有号码的点菜单夹在点菜夹内，以备使用。

（2）填写点菜单时，对菜名的填写（如用手写）要求字迹工整、准确；自编系统代码要用大家习惯的代码。

（3）注明桌号（房间雅座）、菜名及菜的分量、规格大小，填写点菜时间和点菜员姓名及值台服务员姓名。如果是套菜，要在点菜单上注明桌数。

（4）标清楚计量单位。尤其对高档海鲜，计量单位是“两”，还是“斤”，一定要向顾客介绍清楚。免得在结账时会出现点菜按“斤”，结账按“两”，出现10倍的价位差，使顾客无法接受。

（5）标清菜肴器皿的规格、分量。

（6）下单的去向一定要写准。冷菜、热菜、点心、水果要分单填写，分部门下单。

（7）点菜单写菜的顺序要和上菜顺序记录一致。

（8）在点菜单上一定要注明个性需求和忌讳的内容。

细节27　上菜顺序，绝不可乱

➤ 中餐上菜顺序

1.热菜

上热菜时，菜盘内放置服务叉、勺，要注意将叉（勺）柄朝向主人；如果盘子很热，一定要提醒顾客注意；另外，上冒气带响的菜，如三鲜锅巴、带铁板的等之类的菜前，一定要提醒顾客用餐巾或桌布稍作遮挡，以免油星溅到顾客身上。

2.汤类菜

上汤类菜肴时，要给顾客分汤；如果有小孩同桌就餐，一定要将热菜（汤）远离小孩，同时提醒成年人注意。

3.带头尾的菜

上带头尾的菜品时，应根据当地的上菜习惯摆放；上带有佐料的菜肴时，要先上配料后上菜，一次上齐，切勿遗漏；上带壳菜肴时要跟上小毛巾和洗手盅。

➤ 西餐上菜顺序

西餐上菜与中餐不同，西餐是先由厨师将菜装在一只专用的派菜盘内，由服务员分派。派菜时，应该站在顾客的左边，左手托盘，右手拿叉匙分派。西餐的派菜次序是女主宾、男主宾、主人和一般顾客。西餐宴会的菜点，由于标准和要求的不同，道数有多有少，花色品种也不一样。以下介绍宴会十道菜点的一般上菜顺序和方法。

(1) 上面包白脱。将热的小梭子面包装在小方盘内，盖上清洁的口布，另用小圆盘装上与客数相等的白脱，在开席之前5分钟左右派上白脱放在忌司盘右上角，面包放在盘子中间，口布盖住面包，白脱刀移到白脱盅上。

(2) 上果盘。果盘应端到顾客左侧，由顾客自己选取。如果是吃水果杯，将水果杯放在座位前的点心盘内，将茶匙放在盘内。吃果盘是放刀叉的，如果顾客将刀叉合并直放在盘上，就是表示不再吃了。在大多数顾客这样表示后，就可以开始收盘。收盘应用小方盘，左手托盘，右手收盘，在顾客的左边进行。第一只盘放在托盘的外面一点，刀叉集中放在托盘的一头，留出近身的地方叠放其余的盘子，将余菜都集中在第一只盘内，这样，菜盘容易叠平多收，重心较易掌握，不至于滑下打碎。以下的收盘方法相同。

(3) 上汤。西餐的汤，分清汤和浓汤两种，清汤又分冷清汤和热清汤两种。汤须盛于汤斗内，运上落台分派。清汤的盛器是带有双耳的清汤杯，浓汤用汤盆。夏季多用冷清汤，须将清汤杯冰得很冷。清汤杯除已有清汤杯的底盘外，还应该再垫上点心盘作垫盘，将清汤匙放在汤杯的底盘内。浓汤须用热盆来盛，可以保持汤的味美。上汤要垫上底盘，手应握着底盘盘边，手指不可触及汤汁。

(4) 上鱼。鱼有多种，烹调方法也不相同，有些鱼菜要有沙司，如炸鱼要带鞑靼，沙司，分盘的鱼应带的沙司已放在盘内，不必另派。

(5) 上副菜。副菜一般称为小盘，具有量轻，容易消化的特点，如红烩、白烩、烩面条、各种蛋和伏罗王等。吃副菜用鱼盘和中刀叉。

(6) 上主菜。主菜又称大盘，跟有几色蔬菜和卤汁。在派好大盘后，将蔬菜和卤汁紧紧跟上。此外，还带有色拉（即生菜）。盛主菜应用大菜盘，盛色拉应用半月形的生菜专用盘（如果没有生菜盘，可用忌司盘代替），放在菜盘前面。主菜上去时蔬菜和卤汁应紧紧跟上，生菜盘也跟着递上，紧靠在主菜盘的前面。

(7) 上点心。点心的品种很多，吃点心用的餐具也不同。如吃热的点心，一般用点心匙和中叉，吃烩水果一类的应摆上茶匙。吃冰激凌，应将专用的冰激凌匙放在底盘内同时端上去。

(8) 上奶酪。奶酪又叫忌司，一般由服务员来派。先用一只银盘垫上口布，摆几种干酪和一副中刀叉，另一盘摆上一些面包或苏打饼干，送到顾客左手，任顾客自已挑选。吃完干酪，应收去台上所有餐具和酒杯，只留一只水杯（如来不及收，酒杯可暂时不收），并刷清台面上的面包屑等。

(9) 上水果。先放上水果盘、水果刀叉和净手盅，将事先装好的果盘端上去派。有的将水果盘作为点缀物事先摆上台子，待上水果时仅摆上忌司盘、净手盅和水果刀叉即可。

(10) 上咖啡。顾客喝咖啡，早、中、晚有不同的定量，一般早餐用大杯，午餐用中杯，晚餐用小杯，晚餐宴会也用小杯。在顾客吃水果时，就可以将小咖啡杯一套（杯和垫盘）放在水杯后面。派咖啡用的盘应垫上口布，装上咖啡壶、牛奶盅、糖盅和糖钳等。斟咖啡前，应先放糖，放多少要征求顾客意见，不可任意自放。个别喜欢喝清咖啡的，就不要放糖，也不要放牛奶。斟好咖啡后，收下水果盘和洗手盅，将咖啡杯移到顾客的面前。这时就应派利口酒了。

相关链接

中餐特殊菜肴上菜顺序

1. 火锅

（1）在火锅点燃之前，应先搭配好四荤、四素，将四荤加工成梅、兰、菊、竹等式样，与四素（通常是粉丝、蛋、冬菇、白菜等）一起摆放在转盘之上，交错搁置，并转动转盘供顾客欣赏。除此以外，还需准备火柴一盒、大汤匙一只、筷子一双、干净的小毛巾一块，一起摆放在餐桌上。

（2）做好准备工作之后，就要将火锅送到宴席上。在将火锅及火锅汤送上桌面时，一定要注意安全，谨防将汤汁溢出。待火锅稳妥地安放于餐桌上，服务员就可以将火锅下面的燃料点燃，或是将电炉的电源接通，使火锅开始加热。

（3）等到汤煮沸后，按照先荤后素的顺序及先排骨、羊肉、鱼虾的次序将菜一一放锅，再将锅盖盖上。在等待过程中，可以为每位顾客准备好汤碗，摆放在火锅周围。

（4）当火锅内的食品煮熟后，应依次给每位顾客盛上食品、汤汁，每一碗要尽量荤素搭配，每一碗的内容要尽量保持一致。当火锅汤不足时，服务员应主动添加新的汤料。

2. 上拔丝菜

拔丝菜如拔丝鱼条、拔丝苹果、拔丝山芋、拔丝荔枝肉等，要托凉开水上。即用汤碗盛装凉开水，将装有拔丝菜的盘子搁在汤碗上用托盘端送上席。托凉开水上拔丝菜，可防止糖汁凝固，保持拔丝菜的风味。

3. 上易变形的油炸菜

油炸菜如拖鱼条、高丽虾仁、炸虾球、炸鸡球等，可以端着油锅上。具体方法是：上菜前，在落菜台上摆好菜盘，由厨师端着油锅到落菜台边将菜装盘，随即由服务员端送上桌。此类菜只有上台快，才能保持菜肴的形状和风味，如时间长了菜就会瘪塌变形。要求服务员快速上桌，提醒顾客马上食用。

4. 上有声响的菜

有声响的菜如锅巴口蘑、锅巴肉片、锅巴什锦、响堂海参、响堂野鸭等，要先在餐桌上摆好调制的汤汁，再由服务员将调制的汤汁倒入菜中，随即发出"嚓嚓"声响。此类菜被称为"平地一声雷"，能给酒席增添热烈的气氛。

5. 上宁式鳝糊、肫肝糊

宁式鳝糊、肫肝糊等菜要浇热油，其过程是将此类菜盛盘后，用炒勺在菜上压出一个凹形，再将烧热的油浇上快速上桌。

6. 上焦熘醋菜

焦熘醋菜如糖醋鳜鱼、松鼠鳜鱼、焦熘里脊等，要快速上桌。如果慢了，就会使菜肴的焦脆风味大为逊色。

7. 上用蛋白打泡后制成的菜品

上用蛋白打泡后制成的菜品，要快速上台，及时进食。不然，就会泻水变形。

8. 上原盅炖品菜

原盅炖品菜如冬瓜盅等，上台后要当着顾客的面撕去封盖纸，以便保持炖品的原味。这样做，还可以向顾客表明炖品是原盅炖品。撕去纱纸后要快速揭盖，并将盖翻转拿开。拿盖时注意不要把盖上的蒸馏水滴在顾客身上。

9. 上泥包、纸包、荷叶包的菜

这类菜如叫花鸡、纸包鸡、荷香鸡等，要先上台让顾客观赏后再拿到操作台上当着顾客的面打破或撕破包皮，这样可保持菜肴的香味和温度。去掉包皮后，再用刀叉将整菜撕开，并按分菜要求派给各位顾客。

细节28　托盘端托，掌握技巧

在餐饮店中，托盘是经常用到的，比如上菜，端咖啡、饮料，收拾餐桌等。但是，在不同的时候，其使用技巧是不一样的，因此要灵活使用。

➤ 上菜

为顾客上菜多以托盘上菜为主，托盘上菜有以下技巧：

(1) 准备干净圆形托盘，在托盘内铺上垫纸或垫布。

(2) 以左手平稳托住托盘。

(3) 将餐盘置于托盘中央处，或与其他物品平均放置在托盘上。

(4) 注意掌握住托盘的重心，并确认所有物品摆设妥当。

(5) 持托盘走到顾客座位处，侧身从顾客右边接近并准备上菜。

(6) 注意左手托盘的高度与距离，不要碰撞到顾客。

(7) 上菜前需先礼貌地告知顾客。

(8) 确认顾客座位面前妨碍上菜的任何物品。

(9) 以右手接触餐盘右侧边缘，端起餐盘，并前倾上身，微弯腰，平稳地将餐盘摆在顾客面前。

(10) 摆放餐盘时要注意左手的托盘，仍须以手托空托盘的方式保持平衡。

(11) 要注意随餐的餐具、调味品的先后摆放顺序。

➤ 咖啡、茶

托盘服务咖啡、茶等饮料时应掌握以下服务：

(1) 准备干净圆形托盘，在托盘内铺上垫纸或垫布。

(2) 以左手平稳托住托盘。

(3) 将咖啡杯盘组、咖啡匙、奶盅等物置于托盘中央处，一般圆形托盘可摆放3～4组咖啡杯盘。

(4) 若一次送多杯咖啡、茶，则可以先将咖啡杯底盘集中叠放于靠近胸前的托盘处，后于底盘上放一杯咖啡，而其他咖啡杯则平均放在托盘上，并记得放上咖啡匙。

(5) 注意掌握住托盘的重心，并确认所有物品摆设妥当。

(6) 持托盘走到顾客座位处，侧身从顾客右边接近，并准备上咖啡。

(7) 注意左手托盘的高度与距离，不要碰撞到顾客。

(8) 上咖啡前需先礼貌地告知顾客。

(9) 确认顾客座位面前已经清理干净，无妨碍上咖啡的任何物品，若有则需事先移除。

(10) 先将搭配咖啡所需的相关物品，如奶盅、糖盅摆上桌。

(11) 若是只服务单杯咖啡，则以右手端起咖啡杯组服务上桌。

(12) 若是服务多杯，则以右手先拿起一只咖啡匙，放在底盘上那杯咖啡组后，端起咖啡服务上桌，再继续拿起托盘上的第二杯咖啡，摆在咖啡底盘上，并加上咖啡匙后，服务上桌。以此方式依序服务咖啡。

(13) 服务的同时，注意左手托盘上的物品，仍须保持平衡。

相关链接

如何使用托盘端托

在餐饮店，使用托盘端菜端汤不仅能比徒手端得多，而且更安全、卫生，现已广泛使用这一方法。

1. 轻托

因为所托的重量较轻，所以叫轻托。用中、小圆盘或小条盘端菜送酒。

(1) 理盘。根据所托的物品选择好托盘，洗净擦干，在盘内垫上洁净的餐巾或专用的垫布。

(2) 垫布。垫布要用清水打湿拧干，铺平拉挺，垫布四边与盘底齐。

(3) 装盘。根据物品的形状、体积和使用的先后进行合理装盘。轻托的物件一般是平摆，不要重叠摆放；用长条盘托相同物件时，一般要并排摆放，横竖成行；用圆盘托运时，也可摆成圆形；在几种不同物件同时装盘时，一般把较重的、体高的物品摆在里档，把较轻的、低矮的物品摆在外档；将流汁菜摆在盘中，成形菜摆在托盘两头或四周；将先用的物品摆在前边或搁在上面，后用的物品摆在里边或摆在下面；重量分布要得当，托盘的重心要安排在中间或稍偏里，这样装盘既安全稳妥，又便于托送。

2. 重托

(1) 装盘。重托装盘常常要重叠摆放，其叠放方法是：上边的菜盘要平均搁在下边两盘或三盘或四盘的盘沿上。叠放形状一般为金字塔形。如托五盘菜需叠放时，底层可摆四盘，在四盘中间搁一盘。如是六个大鱼盘，可叠成三层，底层摆三盘，中层搁两盘，上层搁一盘，以此类推。

（2）托盘。起托时，先用双手将盘子一头拖移至搁台外，用右手拿住托盘一头，左手伸开五指（垫上垫布，防止打滑），用手掌托住盘底，双腿下蹲成骑马蹲裆式，腰向左前弯曲，左手臂随即弯曲成轻托姿势，等左手掌选好托盘重心后，用右手协助左手向上用力将盘慢慢托起。托起后，托盘应悬空擎托于左肩外上方。盘底约离肩2厘米，右手或扶住条盘的前内角，或不扶盘而随时准备阻挡他人的碰撞。

（3）落台。重托上台必须先放在落菜台上或其他空桌上，再徒手端送菜盘上台。

3. 饮料

托盘服务果汁、碳酸和调酒类饮料时应掌握以下技巧：

（1）准备好干净圆形托盘，在托盘内铺上垫纸或垫布。

（2）以左手平稳托住托盘。

（3）将饮料杯、杯垫、吸管、纸巾等物放在托盘中央。

（4）若一次送多杯饮料，则可以先将饮料杯集中摆放于托盘中稍靠近胸前处，后将杯垫、吸管等物放在其周边空位处。

（5）注意掌握住托盘的重心，并确认所有物品摆设妥当。

（6）持托盘走到顾客座位处，侧身从顾客右边接近，并准备上饮料。

（7）注意左手托盘的高度与距离，不要碰撞到顾客。

（8）上饮料前需先礼貌地告知顾客。

（9）确认顾客座位面前无妨碍上饮料的任何物品，若有则须事先移除。

（10）先将杯垫摆于顾客面前，注意是否有餐饮店标志或者特别图案，若有须摆正或对齐。

（11）接着以右手端起饮料杯服务上桌，将杯摆在杯垫上。

（12）再将吸管及纸巾摆在饮料杯右侧。

（13）服务的同时，注意左手托盘上的物品，仍须保持平衡。

（14）若是服务多杯饮料，则要重复以上（9）～（12）4个动作，依序将饮料送上桌。

4. 啤酒

托盘服务啤酒时，应掌握以下技巧：

（1）准备好干净圆形托盘，在托盘内铺上垫纸或垫布。

（2）以左手平稳托住托盘。

（3）将啤酒瓶置于托盘中央较靠近身体处，后将啤酒杯、杯垫、纸巾及随酒附赠的点心等物摆在啤酒瓶前的托盘外部边缘。

（4）若一次送多瓶啤酒，因酒瓶较重且重心较高，除摆在托盘重心处外，并须靠近身体，后将酒杯、杯垫等物摆放在其周边空位处。

（5）注意掌握住托盘的重心，并确认所有物品摆设妥当。

（6）持托盘走到顾客座位处，侧身从顾客右边接近，并准备上啤酒。

（7）注意左手托盘的高度与距离，不要碰撞到顾客。

（8）上啤酒前需先礼貌地告知顾客。

（9）确认顾客座位面前无妨碍服务上啤酒的任何物品，若有则需事先移除。

（10）先将杯垫摆在顾客面前，注意是否有餐饮店标志或是特别图案，若有，需摆正或对齐。

（11）接着以右手端起空酒杯，将酒杯摆在杯垫上。

（12）再拿起啤酒瓶帮顾客倒酒，倒酒速度不宜过快，沿杯沿缓缓倒满，之后将未倒完的酒瓶摆在顾客右边位置。

（13）最后将下酒点心摆上桌。

（14）服务的同时，注意左手托盘上的物品，仍须保持平衡。

（15）若是服务多瓶啤酒，则要重复以上（9）～（13）5个动作，将饮料依序送上桌。要注意，左手须随时注意托盘重心的变化而稍作调整，因为每拿走一瓶啤酒，重量便减少很多。

5. 收拾桌面

托盘收拾桌面应注意以下事项：

（1）准备好干净圆形托盘，在托盘内铺上垫纸或垫布。

（2）以左手平稳托住托盘。

（3）持托盘走到顾客座位处，侧身从顾客右边接近，并准备收拾桌面餐具。

（4）先端起餐盘放在托盘重心处，摆在靠近身体处。

（5）拿起顾客面前的各种餐具及物品，摆在餐盘以外的托盘外部边缘。

（6）若是一次收拾多个或多种碗盘，相同的餐盘可以叠放在一起，但必须确认每个盘子上无任何杂物，以免因叠放不平而造成倾倒的危险。

（7）收完桌面餐具及物品之后，安全平稳地把托盘送回厨房或工作柜。

6. 更换餐盘

用托盘更换餐盘时，应注意以下事项：

（1）准备好干净圆形托盘，在托盘内铺上垫纸或垫布。

（2）以左手平稳托住托盘。

（3）准备适量干净的餐盘（骨盘或 6 寸盘），摆在靠近身体的托盘重心处（约占托盘的 1/3）。

（4）持托盘走到顾客座位处，侧身从顾客右边接近，并准备更换餐盘。

（5）先端起顾客面前的餐盘，摆在托盘的左前方（约占托盘的 1/3）。

（6）再拿起一个干净餐盘摆回顾客面前的位置。

（7）接着走到下一位顾客右侧，先端起顾客面前的餐盘，将盘中杂物倒在前一个收回的、摆在托盘左前方的餐盘上，之后再将餐盘摆在托盘的右前方（约占托盘的 1/3，如，再拿起一个干净餐盘摆回顾客面前的位置。

（8）依此方式服务下一位顾客。

（9）若是左前方盛放餐余物品的餐盘已满，无法再倒入餐余物品时，则直接将最后一个餐盘拿起，摆在托盘的右前方已回收的无餐余物的餐盘堆上，再拿起一个干净餐盘摆回顾客面前的位置。

（10）操作过程中，注意掌握住托盘的重心，并确认所有物品摆设妥当。

（11）不要一次叠放过多餐盘，否则会在无法负荷的情况下发生危险。

（12）更换完餐盘之后，安全平稳地把托盘送回厨房或工作台。

7. 更换烟灰缸

用托盘更换烟灰缸时，应注意以下事项：

（1）准备好干净圆形托盘，在托盘内铺上垫纸或垫布。

（2）以左手平稳托住托盘，注意掌握住托盘的重心。

（3）准备一个干净的烟灰缸放在托盘上。

（4）持托盘走到顾客座位处，侧身从顾客右边接近，并准备更换烟灰缸。

（5）更换前需先礼貌地告知顾客。

（6）右手从托盘上拿起干净的烟灰缸（反拿烟灰缸，即烟灰缸开口朝下）。

（7）将反拿的干净烟灰缸盖在脏的烟灰缸上面。

（8）右手抓住正反相盖的两个烟灰缸，一并放在托盘上。

（9）再将干净的烟灰缸翻过来，摆放在桌上。

（10）将换下的烟灰缸安全平稳地托送回厨房或工作台。

相关链接

端托时，如何行走

端托行走时一般使用五种步伐：

（一）常步

常步即使用平常行进的步伐，步距要均匀，快慢适宜。

（二）快步

快步的步幅应稍大，步速应稍快，但不能跑，以免泼洒菜肴或影响菜形。快步主要是端送需要热吃的菜肴，如锅巴肉片、拖鱼条、松鼠鳜鱼、拔丝山药等，因上菜慢了就会影响菜肴的风味。

（三）碎步

碎步就是使用较小的步幅、较快的步速行进。主要适用端汤，碎步可以保持上身平稳，避免汤汁溢出。

（四）垫步

垫步即是一只脚在前，一只脚在后，前脚进一步，后脚跟一步的行进步伐。垫步一般在穿行狭窄的过道时使用，还有就是在行进中突然遇到障碍时或靠近席桌需减速时使用。

（五）跑楼步伐

跑楼步伐是走菜服务员端托上楼时所使用的一种特殊步伐。其要求是：身体向前弯曲，重心前倾，一步紧跟一步，不可上一步停一下。

细节29 掌握分量，分派均匀

➤ 中餐分菜

分菜一般用大汤匙、大号勺叉和筷子。分菜时服务员应站在副主人的右边。高级宴会按照先男主宾、后女主宾（一般酒席宴会按照先女主宾后男主宾）、再主人和一般来宾的顺序逐个分派。分菜要注意将菜肴的优质部位分给主宾或其他顾客。

分菜要掌握好分量，分派均匀。分每道菜时可留1/10左右在盘碗内，以示菜的宽裕，也可用于添加。

1.鱼

分鱼时首先要剔除鱼骨。其方法是用公勺压住鱼头，用公筷从头至尾把鱼肉拨在鱼盘一边，然后切断头尾，剔除中间鱼骨。剔骨时注意不要把鱼肉戳碎，要尽量保持鱼的原形。待鱼汁浸透鱼肉后，再用餐刀将鱼肉切成若干块，按宾主的先后次序分派。

2.鸭

分鸭时先用公筷压住鸭身，用公用餐具将腿肉和鸭脯切扒成若干基本均匀的鸭块，再按宾主次序分派。鸭头、翅尾不分，留在碟上，随顾客自行食用。

3.肘子

用公筷压住肘子，用公用餐具将肘子切成若干块，再按宾主次序分派。

4.蛋煎制品

分蛋煎制品时用公筷压住蛋饼，用餐刀或公勺将蛋饼扒成若干块，再按宾主次序分派。

5.冬瓜盅

冬瓜盅是夏令名菜，带皮的炖品。分冬瓜盅时，由于瓜身高，一般要做两次分派。第一次先用公勺将上段冬瓜肉和盅内配料汤汁均匀分派给顾客；第二次先用餐叉住瓜皮，后用餐刀从上向下切，横削去皮，一般分四刀切削完。

6.鸡

分鸡时用筷子先把鸡腿、鸡肉夹在公勺里，再将随拼的配菜也夹放在公勺里边，然后倒在顾客的餐碟里。要注意鸡皮朝下，使鸡块保持完整。鸡头、鸡尾一般不分给顾客，由顾客自行食用。

➤ 西餐分菜

西餐分菜一般是先由厨师按份切好装在一只专用的派菜盆内，由服务员上台分派。派菜时，服务员应站在来宾的左边，左手端盘，右手持叉匙，按宾主次序逐个分派。

1.牛排

(1) 把烤牛排最大的一端放在平盘上，先用叉插入上面两根肋骨间，再从肥的一面开始，用刀（刀与肉的纹理成垂直角度）横切到肋骨。

(2) 用刀尖沿肋骨把肉切下来，切时必须紧沿肋骨。

(3) 把刀撇进肉片下，用叉稳定，挑起肉片放入盘边上。

(4) 边切边摆，直至完毕。

2.火腿

(1) 左手拿叉插入火腿大头部位，以固定火腿。

(2) 右手拿刀从火腿薄的一面切掉几片，以形成一个平面。

(3) 再把火腿转过来，将所切平面朝下，从火腿的后部开始切掉一小块楔形的肉，然后垂直均匀地切片，切尽为止。

3. 火鸡

(1) 将火鸡放在砧板上，用左手握住鸡腿下部，右手用刀切开鸡身和鸡腿之间的皮，并将皮轻轻拉掉。

(2) 左手拿叉插入鸡身紧靠鸡腿的地方，右手用刀从鸡身背部与鸡腿的主骨之间的关节处将鸡切开。

(3) 拿住切下来的鸡腿下部放在盆上，与盆形成一个角度，再用刀把鸡的大腿肉从鸡腿下部一片片切到关节处，切完一面，再切另一面，直到切完。

(4) 切鸡脯肉要从鸡脯中间开始，一片片地切到胸骨为止。

相关链接

特殊情况分菜

特殊情况包括特殊宴会形式和特殊菜盘两大类。

1. 特殊宴会

(1) 顾客只顾谈话而不顾菜肴。遇到这种情况，服务员应抓住顾客谈话的停顿间隙向顾客介绍菜肴，并以最快的速度将菜肴分给顾客。

(2)主要顾客带有少年儿童赴宴。此时分菜先给儿童，然后按常规顺序分菜。

(3)老年人多的宴会。采取快分慢撤的方法进行服务。分菜步骤可分为两步，即先少分再添分。

(4)外事会晤宴会。应照顾好主宾和翻译，将易食和骨刺少的部分分给他们。

2. 特殊菜肴

(1) 造型菜肴。先将造型的菜肴均匀地分给每位顾客。如果造型较大，可先分一半，处理完上半部分造型物后，再分余下的一半。也可将可食用的造型物均匀地分给顾客，不可食用的，分完菜后撤下。

（2）卷食类菜肴。一般情况是由顾客自己取拿卷食。如有老人或儿童多的情况，分菜的方法是：服务员将食碟摆放于菜肴的周围；放好铺卷的外层，然后逐一将被卷物放于铺卷的外层上；最后逐一卷上送到每位顾客的面前。

细节30　酒品不同，斟酒不一

➤ 白酒

1.开启

在开启白酒之前，应首先让顾客过目一下，一是表示对顾客的尊重，二是核实一下有无差错，三是证明酒品的可靠。这时，服务员可站在主要饮者的右侧，左手托瓶底，右手握瓶颈，商标面对顾客，让顾客确认。

相关链接

掌握开瓶技巧

1.罐装酒水

打开罐装酒水，首先应将酒罐的表面冲洗干净并擦干，左手固定酒水罐，用右手拉酒水罐上面的钥匙扣，打开其封口。须注意的是，开启这类酒品，会有水汽喷射出来，因此，服务员在开启易拉罐时，应将开口方朝外，不能将开口对人，并用手遮握，确保安全，以示礼貌。另外，在开罐装酒前尽量避免摇晃，以免酒气溢出。

2.瓶装啤酒和饮料

首先将酒水瓶擦干净，将啤酒瓶或饮料瓶放在桌子的平面上，左手固定酒水瓶，右手持开瓶器，轻轻地将瓶盖打开。开瓶后，不要直接将瓶盖放在餐桌或吧台上。

3.葡萄酒

开启葡萄酒时，先将葡萄酒瓶擦干净。将干净的餐巾包住酒瓶，商标朝外，拿到顾客的面前。让顾客鉴定酒的标签，经过顾客认定酒的名称、出产地、葡萄品种及级别等符合自己所点的品种与质量后，再打开葡萄酒。

葡萄酒的开瓶方法是用小刀将酒瓶口的封口上部割掉，用干净的餐巾把瓶口擦干净，再用开瓶器从木塞的中间钻入，转动酒钻上面的把手，随着酒钻深入木塞，酒钻两边的杠杆会往上仰起，待酒钻刚刚钻透木塞时，两手各持一个杠杆同时往下压，木塞便会慢慢地从瓶中升出来。

将葡萄酒的木塞递给主人，请主人鉴定，再用餐巾把瓶口擦干净，斟倒少许酒给主人品尝。注意手握酒瓶时，不要覆盖标签。待顾客品尝后，从女士开始斟酒。

4.香槟酒

开香槟酒时，首先将瓶子擦干净，然后放入冰桶中，连冰桶一起送到主人右边。将香槟酒从桶内取出，用餐巾将瓶子擦干，用餐巾包住瓶子，商标朝外，请主人鉴定。主人认可后，将酒瓶放在餐桌上并准备好香槟酒杯。

左手持瓶，右手撕掉瓶口上的锡纸。左手食指牢牢地按住瓶塞，右手除掉瓶盖上的铁丝及铁盖。瓶口倾斜约45度。用右手持一块干净餐巾紧紧包住瓶口，这时，由于酒瓶倾斜，瓶中会产生压力，酒瓶的木塞开始向上移动，然后右手轻轻地将木塞拔出。

注意瓶口不要朝向顾客，以防木塞冲出。用干净的餐巾将瓶口擦干净。先为主人斟倒少量的香槟酒，请主人品尝，得到主人认可后，从女士开始斟倒。

5.烈性酒

烈性酒的封瓶方法常见的有两种：一种是塑料盖，一种是金属盖。前者外部都包有一层塑料膜，开瓶时先用火柴将塑料膜烧化取下，然后旋转开盖即可。后者瓶盖下部常有一圈断点，开瓶时用力拧盖，使断点断裂，便可开盖；如遇有断点太坚固，难于拧裂的，可先用小刀将断点划裂，然后再旋转开盖。

2.斟酒

斟酒时打开酒瓶盖，站在顾客的右侧，从顾客右侧斟酒，注意不可站在同一位置为两位顾客同时斟酒。

（1）斟酒的顺序是先斟给主人右边的一位，再按逆时针方向绕桌斟酒，主人的酒最后斟。

（2）斟酒时，瓶口不要碰到杯口，以防把杯子碰坏或将杯碰翻；但也不要拿得太高，以免酒溅出。

（3）若不慎将酒杯碰翻或碰碎时，应向顾客致歉，立即调换，并迅速铺上抹布，将溢出的酒吸干。

（4）如果酒溅洒在顾客身上，要及时递送毛巾或餐巾协助擦拭，但如对方是女宾，男服务员不要动手帮忙。

（5）宴会中斟酒时，应由顾客选择用哪一种酒，服务员不得自作主张。

➤ 葡萄酒

1.开酒瓶

（1）将酒让顾客确认，并说出酒的产区和年份，酒的展示方式应以方便顾客阅读标签为原则。

相关链接

如何展示酒瓶标签

由于各种酒的品种和产地非常多，因此在开瓶之前，都应让顾客鉴定一下酒的名称、商标、产地、年限和级别等内容。这种服务程序的目的，是让顾客鉴定该酒的质量，同时也是表示对顾客的尊重。实际上，展示酒瓶商标还是开瓶服务的一部分。

（1）服务员站在主人（点酒水的人）的右侧，左手托瓶底，右手持瓶，酒的标签朝向顾客，距顾客面部距离约45厘米，以方便顾客查看与鉴定。

（2）左手与瓶底之间垫一块折叠整齐的干净布巾，右手持不带标签的那一面靠近瓶颈底的部位，以方便握瓶和显示标签。

（3）展示香槟酒标签时，左手托瓶底，右手大拇指和食指夹住瓶口，这时瓶颈正好在右手虎口处，这是因为一些香槟酒瓶上部较粗，不容易握住，因此，采用这一种方法可以握牢，同时，也是为了更好地展示香槟酒的全部标签。

（4）应使用标准开瓶器所附的特殊小刀将铅封去除；割开铅封的地方可在瓶颈上方外凸部分，或外凸部分下方，以避免铅封与酒相接触。

(5) 瓶口边缘通常较脏，特别是在酒窖中储存较长时间后，因此必须先以干净的白色餐巾擦拭。

(6) 用杠杆式开瓶器的螺旋形铁锥平稳而缓慢地拉起瓶塞，当瓶塞快要脱离瓶口时，用手轻轻将塞子拉出。注意不要让螺旋形铁锥穿透瓶塞，否则塞屑会掉入瓶中。

(7) 拉出瓶塞后，再用餐巾擦拭瓶口，并闻一闻瓶塞，检查是否有显示该瓶酒已变质的异味，必要时可更换另一瓶酒。检查完毕后，将酒倒一些给主人品尝，如果主人表示满意，再给顾客倒酒。

2.换瓶

换瓶是为了将酒与其沉淀物分离，因此要平稳地把酒倒到另一个容器，让沉淀物留在原瓶底。换瓶也是让“封闭”的葡萄酒透气，使之柔软化的方法。

换瓶时先在瓶颈下方摆上一个光源（通常是一支蜡烛），以便看清沉淀物何时快要流出来。

某些酒瓶中会有与酒同色的结晶体沉淀物，它们是在低温状况下沉淀下来的酒石酸盐结晶体，因为这些结晶体比较重，倒酒时仍会在瓶底，所以不需要换瓶。

3.斟酒技巧

(1) 某些要保持较低温度的酒，须用餐巾裹着酒瓶倒酒，避免手温使酒升温。酒杯总是放在顾客的右边，所以倒酒也是从顾客右边倒，或在顾客的面前倒。

(2) 为保有酒香，酒瓶口与酒杯的距离不能太远，所有的红葡萄酒倒酒时瓶口几乎是挨着杯子的。

(3) 斟酒最多以杯容量的2/3为宜（白葡萄酒是2/3，红葡萄酒是1/3），过满则难以举杯，更无法观色闻香，而且也是为了给聚集在杯口的酒香留一定的空间。

➤ 啤酒

1.桶装啤酒

桶装啤酒在安装时须小心，必须使用专门的工具。首先冷却酒桶，将其置于台子上，出酒孔向前，稍停15分钟之后（使汽化的二氧化碳重新溶解于酒液），将龙头插进出酒孔，拧紧龙头，以防渗酒、漏气。前10杯啤酒，泡沫较厚，是正常现象。有的酒桶装有龙头开关，只要开启开关即可。正确的开启方法如下：

（1）把酒杯倾斜成 45 度，低于啤酒桶开关 2 ～ 3 厘米，把开关打开。

（2）当倒至杯子一半时，将杯子直立，让啤酒流到杯子的中央，再把开关打开至最大。

（3）泡沫略高于酒杯时关掉开关。酒杯里的泡沫并不是越多越好，根据杯子的大小，一般啤酒要倒入八九分满，以泡沫头厚约 2 厘米为佳。

2.瓶装和罐装啤酒

如采用标准啤酒杯服务，应将瓶装和罐装啤酒呈递给顾客，顾客确认后，当着顾客的面打开。开启时，应将瓶盖或拉环朝向自己。将酒杯直立，用啤酒瓶或罐来代替杯子的倾斜角度。正确的斟倒程序如下：

（1）瓶口距离杯 3 厘米处缓慢倒入杯中，不要过猛。通常有两种倒法：一是先将酒杯微倾或顺其边，顺壁倒入 2/3 的无沫酒液，再将酒杯放正，采用段注法，使泡沫产生；二是采用倾浪潮法倒酒至杯子 2/3 处，然后使泡沫稍平息，再将酒慢慢倒入，使泡沫徐徐上升，酒液与酒头（泡沫）的比例为 5 ∶ 1 为佳。

（2）压力啤酒斟酒时，要将开关开足，忌晃酒瓶；另外还有桶装的扎啤，则常通过机器先转入啤酒壶再倒入啤酒杯，也有直接倒入酒杯的。

（3）往带把的大杯子里倒入 300 ～ 330 毫升啤酒最易出泡，泡沫有防氧化作用，应带着泡沫喝完。斟酒时要分两次倒满，从距杯口 20 厘米高处倒酒，首先左右摇摆玻璃杯，中途稍作停顿，使泡沫消失一半后再继续倒满。易拉罐啤酒不宜直接对嘴喝，倒在玻璃杯里放掉多余的二氧化碳后再喝，可以感觉柔和一些。

（4）啤酒可不斟满，酒液占 2/3 或 1/2，泡沫占 1/3 或 1/2。酒瓶与酒杯成直角，酒斟向杯正中，一直斟到泡沫上升到杯口为止。稍候片刻，待泡沫消退一些后，再次向杯子正中斟酒，直至泡沫呈冠状，泡沫高耸却酒不溢。如果使用的是一般的玻璃杯，以一口能饮完为宜。

（5）不要在喝剩的啤酒杯内倒入新开瓶的啤酒，这样会破坏新啤酒的味道，最好的办法是喝干之后再倒。因此可以先问一下顾客：“您需要添点儿酒吗？”懂得这一诀窍的顾客就会说：“等一下。”然后拿起酒杯把剩酒喝完，让服务员倒上新的啤酒。

细节31　撤换餐具，掌握时机

➤ 撤换餐具时机

(1) 上羹或汤之前，上一套小汤碗。待顾客吃完后，送上毛巾，收回翅碗、换上干净餐碟。

(2) 吃完带骨的食物之后，应换上干净餐碟。

(3) 吃完芡汁多的食物之后，应换上干净餐碟。

(4) 上甜菜、甜品前应更换餐碟。

(5) 上水果之前，换上干净餐碟和水果刀、叉。

(6) 残渣骨刺较多或有其他脏物的餐碟，要随时更换。

(7) 顾客失误，将餐具跌落在地时要立即更换。

➤ 撤换基本要求

撤盘时，动作要干净利落，不要发出声响，还要符合清洁卫生、摆桌规格等的要求。具体来说，要注意以下几点：

(1) 一般情况下，如果菜点数较少，则可以等酒席完毕后再撤盘，如果菜点数较多，则可以分次撤盘。第一次是在冷盘吃得差不多、上热炒菜前，第二次是在大菜吃得差不多、上饭菜前，第三次是在酒席完毕后。

(2) 要征得顾客的同意。要注意观察顾客的动态，等顾客吃完一道菜后，稍等片刻，上前礼貌地询问顾客是否可以撤掉，得到顾客肯定的答复后才能撤换。

(3) 徒手撤盘时，要站在顾客右侧，用右手撤下餐具，严禁从顾客头顶上越过，将其放入左手上，然后将左手移到顾客身后。

(4) 撤盘时手指不能伸入盘内，要谨慎小心，不能将残菜或汤汁洒在地上或顾客身上。

(5) 撤盘时，要把剩菜剩汤用一个碗或盘装起来，一般在顾客右边进行。摞盘摞碗时，同品种、同规格的盘碗要摞在一起，直径大的放在下面，直径小的摞在上面，圆盘要摞在条盘上，深口的、直口的盘碗要摞在浅口的、平口的盘碗上。

➤ 注意事项

(1) 撤换时手要卫生。左手可垫上干净的毛巾或餐巾，用右手撤下顾客用过的骨碟和小汤碗。如果手指沾上卤汁，就可以用毛巾擦干净手指，再给顾客换上干净的骨碟和小汤碗。

(2) 充分尊重顾客的习惯或习俗。比如调换骨碟时，也要将顾客骨碟按调换前的样子摆放。

(3) 撤碟一定要征求一下意见。如个别顾客还没吃完，而新的菜又上桌了，可以先送上一只干净骨碟。

(4) 撤换餐盘动作要轻、稳，防止餐具碰出响声。

(5) 若餐桌上有剩余食物，切不可用手直接去抓取。服务员应该用叉匙或其他工具拿取，体现文明卫生操作。

(6) 对于贵重的菜肴，不要贸然急着撤盘，以免结账时引起麻烦。

【案例】

几位顾客在某餐饮店用晚餐。他们点了十几道菜，其中点了鲍鱼、贝类、螃蟹和鱼肚等。每上一道菜，服务员都为顾客报菜名、换骨碟。就餐快结束时，一位醉态朦胧的顾客招手让服务员过来结账。他看过账单后，突然不满地对服务员说："我们根本就没点过'鸳鸯海鲍'和'金钱鱼肚'，你们把账算错了。"

"先生，您可能忘记了，刚才是我把这两道菜端上来的，还为您报过菜名，请大家仔细想一想。"服务员微笑着说道。

"不用想，我根本就没点过鲍鱼和鱼肚，桌子上也没有嘛。你们就是把账算错了。"顾客大声地叫嚷着。

听到顾客的叫嚷声，临桌顾客和服务员都向这边张望，领班也赶过来帮助解决问题。由于顾客要的贝类较多，更换盘碟的次数也比较频繁，加上他们吃那两道菜的速度很快，装那两道菜的盘碟已经撤掉，因此餐桌上确实找不到鲍鱼和鱼肚的痕迹。看热闹的人也越来越多。

领班一边示意服务员去找经理，一边微笑着对顾客讲："我们的服务都是按规范的程序进行的，点菜、上菜和撤盘也都是在征得顾客同意后进行的。因此，请大家协助我们的工作，仔细回想一下，这两道菜一定是吃过以后忘记了。”

“我们就是没吃过……”见顾客仍在赖账，领班只好先去疏散看热闹的顾客，请其他人回到餐桌。

“先生，您好。我是这个餐饮店的经理。首先，我对账单引起您的不满表示道歉。您提出餐桌上没有这两道菜，实际上是帮助我们完善服务程序，提醒我们对上过的菜不要完全撤盘，以免结账时引起误会，对此，我向您表示感谢。经过调查，鲍鱼和鱼肚确实上过桌，空盘已经撤去清洗。这样吧，这两道菜按八折计价，您看行吗?”餐饮店经理赶来诚恳地建议道。

见餐饮店作出了让步，醉酒的顾客终于停止了吵闹，起身结账去了。

相关链接

餐中服务，周到细致

1. 更换烟灰缸

（1）烟灰缸里有两个烟头或明显的杂物时就要给顾客撤换。

（2）从顾客右侧撤换。撤换时，应用托盘托上干净的烟灰缸，用右手的拇指和中指捏紧干净烟灰缸的外壁，用食指按住烟灰缸的内侧，从顾客的右侧将干净的烟灰缸覆盖在已用过的脏烟灰缸上。

（3）将两只烟灰缸同时移入托盘，然后再将清洁的烟灰缸放回餐桌。这样，可以避免烟灰飞扬污染菜点或落在顾客身上。

2. 更换骨碟

（1）当顾客骨碟中的骨头超过三块时，就要考虑为顾客换骨碟。

（2）换骨碟时，服务员左手托放有干净骨碟的托盘，走到顾客面前说“对不起，帮您换个骨碟”。

（3）从顾客右侧，按顺时针放置，女士优先。

3. 小毛巾

（1）顾客入座后，提供第一次毛巾服务。

（2）将毛巾箱内折好的毛巾放入小竹碟内，摆放在托盘上。

（3）从顾客右侧提供服务，并依据“先宾后主，女士优先”原则顺时针进行。

（4）将毛巾竹碟摆放在餐盘的右侧，并请顾客使用。

（5）顾客用过毛巾后，征询顾客意见，经同意后撤掉毛巾。

细节32　结算过程，仔细认真

餐饮店在结算时，作为收银员，需要做到的就是零失误，保证不收到假币，对各种银行卡、信用卡进行鉴别。

➤ 现金结算

现金收银是收银员的主要工作内容，也是其工作的重点。现金结算的步骤及要求具体如下。

1.接过现金

顾客用现金付款时，应双手从顾客手中接过现金，并向顾客说：“收您××元。”仔细辨别现金的真伪。

2.操作收银机

收银员一手持顾客所交货款，一手操作收银机，按“现金”键，并将顾客实交金额数字输入电脑，然后按“结账”或“回车”键。

3.打印小票

POS机屏幕显示出“找零”金额，打印机就开始自动打印小票，显示屏会自动显示应找零金额，钱箱也会同时打开。

4.正确找零

收银员将收到的现金放入钱箱，并从钱箱中找零。

（1）准备零钱。

——收银员要正确清点现金，并按收银机的计算余额，从钱箱中为顾客找零。

——收银员不能以零钱不足为由少找顾客零钱，在零钱不足时可按照四舍五入的原则，为顾客找零。

——为节约零钞，收银员找零时应按最大面值的现金组合。

如，找34.5元，零钱的组合应为1张20元、1张10元、2张2元、1个5角硬币或3张10元、4张1元、1个5角硬币。

——正确找到零钱后，按照大钞放下面、零钱放上面的原则，双手将找零与购物小票一起交给顾客。

(2) 将钱交给顾客，并唱找零。

——将零钱亲自并按顺序递到顾客的手中，不能放在购物袋或收银台。

——给顾客找零时，必须大声说出“找您××元。”

——待顾客没有疑问时，立刻关闭钱箱。

相关链接

怎样准确鉴别假币

在发现的假币中，大多以100元、50元的大额票币为主，但随着人们警惕性的提高，又出现了10元、5元的小面额假币。所以，收银员在收付时一定谨慎小心，认真鉴别。

1.伪造假币的特征

(1) 假币的水印大部分是在纸张夹层中涂布白色浆料，层次较差，图像模糊；有的则是在纸张表面描绘成水印图案，冒充水印。

(2) 假币纸张在紫外线光源下，多数有强烈的荧光反应。

(3) 假币正背面均采用全胶印（四色网点）方式印刷，大多墨色深浅不一，有的版面颜色偏深，有的偏淡，有的版面偏向一种颜色，而且凹印图文平滑，无浮雕感。

(4) 制作假币的纸张，大多都是普通纸张，与印钞纸相比手感比较平滑、绵软，厚薄也不均匀，票面无凹凸感。

(5) 假币的安全线是在纸张夹层中放置，纸与线有分离感。还有的假币则在正反两面各印刷一个条状图案，仔细观察便能看出破绽。

2.变造假币的一般特征

变造假币是在真币的基础上，经过人为加工变形而成的，多采用挖补、剪贴、拼凑、制皮、揭面、涂改等手段，人为痕迹比较明显，比伪造假币易于辨认。如拼凑币，它是经人为分割破坏后再进行拼凑，以少拼多，达到多换的目的。揭面币，也是经过人为地揭去一面后，用其他纸张进行粘贴，从而达到以少换多的目的。

3.硬币假币的主要特征

现在还有些不法分子制作硬币假币，形式多种多样，收银员应注意识别。不论制假者手段如何高超，金属假币都具有以下几个共同特征。

（1）金属假币工艺粗糙、成色不足、颜色不一，因为合金配置比例不当，所以黄铜币发白或发亮，白铜币显黄。

（2）金属假币正、背面图案花纹模糊，没有层次感和立体感，显得呆板。在放大镜下，图案花纹笔道有明显的少粒状结构，光泽和亮度均不及真币，字体略粗，笔画不规范，棱角及国徽、天安门的图案不清楚。

（3）假币与真币的重量相差较大。

➤ 银行卡结算

1.检查收银卡

（1）检查储蓄卡。储蓄卡支付是除现金之外的第二大支付手段，储蓄卡不具备透支功能，是先存入后取出的，对银行和商家都无风险。

（2）检查信用卡。由于信用卡消费存在着冒用、盗用、伪造等风险，因此收银员在处理信用卡消费时，要对信用卡进行仔细的检查，辨别信用卡的真伪。对信用卡的检查主要包括银行的标志；信用卡是否完整无损；核对顾客的有效身份证件（如身份证、护照、军官证等）是否与信用卡相符；检查发卡时间和到期时间；检查信用卡的透支额度；检查信用卡是否被宣布作废或失窃。

2.刷卡

当顾客用银行卡结账时，收银员应双手接过顾客的银行卡，把卡放到刷卡机的刷卡槽中，让带有磁条的一面对准刷卡器有红光的一面，将卡匀速划过刷卡槽。

由于机器故障、线路堵塞或银行卡本身的问题等因素，可能会出现刷卡不成功的情况。

（1）发卡行主机因故关闭，向顾客解释，请求其更换其他银行卡或用现金付款。

（2）通信线路故障，请求现金付款。

（3）POS 设备故障，更换机器重新刷卡。

（4）磁条损坏，请顾客到发卡行换卡。

3.输入交易金额

刷完卡后，收银员应将顾客的银行卡放在收银台上，然后在刷卡器上输入顾客消费的金额。输入金额时，一定要仔细认真，避免输入错误。

4.请顾客输入密码

请顾客输入密码流程主要有以下三步：

(1) 在输入金额并确认后，系统会要求顾客输入密码（如果是信用卡，可能不会要求顾客输入密码）。

(2) 将刷卡器的小键盘交给顾客，提醒顾客及时输入密码，并保证顾客输入密码时的安全性和隐蔽性。

(3) 顾客只有输入正确的密码才能继续进行交易，如果输入的密码不正确，要请顾客重新输入。

5.请顾客签签购单

这个过程的具体操作主要包括以下四个步骤：

(1) 顾客正确输入银行卡密码后，POS 机会打印出一式三联的签购单。

(2) 收银人员应检查签购单上打印的内容是否完整、清楚、正确。

(3) 请顾客在签购单上签字。同时提醒顾客，签字以前，应先确认是否为自己的卡号，并仔细核对签购单上的金额及币种是否与实际消费情况一致，只有正确无误才可签名。

(4) 顾客签字后，收银人员应该对该签字与银行卡背面的签字进行核对，看顾客在签购单上的签名与信用卡背面的用户签名是否一致。

6.交还银行卡及签购单

收银人员要将银行卡和签购单的顾客联交还给顾客，然后按收银机上的“银行卡”键，打开钱箱，将企业联及银行联放入钱箱中。

➤ 抵用券

1.检查抵用券

抵用券一般是指餐饮店的各种代金券、折价券、赠券和友情卡等。

2.阅读使用方法

在各种抵用券上一般都有具体的使用方法，收银人员应仔细阅读，以确定是否可以找零、是否可以分次使用、是否可以组合使用及是否可以开具发票等。

3.结算账款

收银员要根据顾客的要求正确计算出顾客应使用的抵用券及现金的组合。这个程序中应该注意的事项包括如下4项：

（1）明确各种抵用券的使用范围，不得超范围抵用。

（2）对于有多种搭配方法的，应将所有方法告知顾客，由顾客自主选择。

（3）判断抵用券的使用范围时，只能针对一个顾客，不能将权利进行转嫁。

（4）当顾客对抵用券的使用方法有误解时，应委婉地向顾客解释，如自己无法处理，应及时通知收银主管。

4.收取抵用券

收银员结算完款项后，操作收银机，弹开钱箱，将抵用券放入，然后关闭钱箱。

5.作废抵用券

交易完成后，收银员要立即在抵用券上加注作废标志。不得积攒抵用券，要立即作废。

6.签写相关材料

（1）原则上要求收银员在作废抵用券后应马上在其背面上加签收银员的姓名、日期及收银机号，然后放入钱箱，并关闭钱箱。但是遇到工作比较繁忙时，也可以暂不签写，等到下班时再统一处理。

（2）如果在交易后发现错误，应仔细分析原因，并在记录本上做好记录。

相关链接

发票填写注意事项

1.填写大写数字

填写中文大写金额应该使用正楷或行书。中文大写金额到“元”为止的，在“元”之后，应写上“整”或者“正”字；在“角”之后，可以不写“整”或者“正”字；大写金额数字有“分”的，“分”后面不写“整”或者“正”字。

中文大写金额前应标明“人民币”字样。大写金额应该紧接着“人民币”字样填写，不能留有空白。大写金额数字前未印有“人民币”字样的，应加填“人民币”三个字或用“⊗”字符号封口。

小写金额中有“0”的，中文大写应该按照汉语语言规律、金额数字构成和防止涂改的要求书写。

比如：

（1）中间有一个“0”的，中文大写要写“零”字。如￥1508.50，应写成人民币壹仟伍佰零捌元伍角。

（2）阿拉伯数字中间连续有几个“0”的中文大写金额中间可以只写一个“零”字。如￥8003.15，应写成人民币捌仟零叁元壹角伍分。

（3）阿拉伯数字金额万位和元位是“0”的，如￥108000.55，应写成人民币壹拾万捌仟元零伍角伍分，或者写成人民币壹拾万零捌仟元伍角伍分。

（4）数字中间连续有几个“0”，万位、元位也是“0”，但千位、角位不是“0”的，中文大写金额中可以只写一个“零”字，也可以不写“零”字。如￥1880.55，应写成人民币壹仟捌佰捌拾元零伍角伍分，或者写成人民币壹仟捌佰捌拾元伍角伍分。

（5）阿拉伯数字金额角位是“0”，而分位不是“0”的，中文大写金额“元”后面应写“零”字。如￥18888.05，应写成人民币壹万捌仟捌佰零捌元零伍分；又如￥888.05，应写成人民币捌佰捌拾捌元零伍分。

2.填写小写数字

要认真填写阿拉伯小写金额，不得连写，分辨不清。小写金额前面，均应填写人民币符号“￥”。

3.填写日期

票据的出票日期必须使用中文大写。为防止涂改票据的出票日期，应该在填写月、日、时，月为壹、贰和壹拾的，日为壹至玖的，应在前加“零”，日为拾壹至拾玖的应在前加壹。如1月15日，应写成零壹月壹拾伍日，再如10月2日，应写成壹拾月零贰日。

细节33　所有餐具，保持卫生

餐具一定要保持干净卫生，不干净的餐具往往会大大影响顾客食欲，甚至是赶走顾客。没有任何人是愿意看到自己使用的餐具是不卫生的。许多餐饮店会认为只要餐具表面干净就可以了。其实不然，餐具必须做到表里如一，要做好消毒措施，保证真正的干净，让顾客吃得放心。

相关链接

不同餐具的擦拭方法

（一）瓷器

（1）从洗碗间取来消毒去污的瓷器。

（2）准备好干净的服务布巾和垫有干净布巾的长托盘。

（3）擦拭瓷器：左手拿瓷器，右手拿布巾，按顺时针方向旋转，先擦拭瓷器的正面，再擦拭背面。各种擦拭过的瓷器应达到无污迹、水迹或布丝的要求。

（4）摆放瓷器：将擦拭好的瓷器分类，整齐地摆放在垫有布巾的长托盘上，送入餐饮店。

（二）银器

1.银盘

清洗后的银盘立即用干净布巾擦干净，整齐地摆放在银器柜中。

2.银筷架

清洁后的银筷架立即用干净的布巾擦干净，并轻轻放入托盘，避免相互碰撞，然后整齐地摆放在银器抽屉中。

3.银勺

（1）清洁后的银勺浸入60℃以上的热水中浸泡2～3分钟。

（2）用干净的布巾将浸泡过的银器擦干净。

（3）将擦过的银勺拿到光线强的灯下，检查是否有氧化点或被腐蚀的痕迹。如有氧化点或被腐蚀的痕迹，需送到有关部门作银器打磨或其他特殊处理。

（4）擦拭过的银勺必须用手拿勺柄，不可用手指接触到勺的上面部位，以避免手指印印在银面上。

（5）将擦拭过的银勺整齐地摆放在银器抽屉内。

4.银水洗涤及银面打磨

定期将所有银器送至有关部门进行银水洗涤及银面打磨。银器应无氧化点、腐蚀痕迹或银质脱落现象。

（三）玻璃器皿

1.清洗

清洗用过的玻璃器皿。

2.热水浸泡

在一个不锈钢器皿里倒入一半体积的热水，水温在80℃左右；将清洗过的玻璃器皿，如高脚杯、饮料杯等倒置浸入热水中，浸泡1分钟后取出。

3.高脚杯和饮料杯

将擦杯布对角拉开，左手拿住一角。将高脚杯底座放在左手擦杯布内。用右手拿起擦杯布另一角，并且用擦杯布包住右手进入水杯中，然后左右手合作转动水杯，直至将水杯擦拭干净。最后擦拭高脚杯底位。

擦拭饮料杯时用擦高脚杯同样的方法使用擦杯布，左手拿住饮料杯底座位置，然后转动饮料杯直至擦拭干净。

4.检查

在灯光下检查擦过的玻璃杯，保证干净、无水迹、无破损。

细节管理四

餐饮店优质服务

细节34　学会结账，防止跑单

➤ 不直接将金额大声说出来

将账单用专用夹夹好送到顾客面前时，如果有多位顾客，应轻声问："请问由哪位付账呢？"然后将账单拿到付账人身边展开，用右手食指指着结账单上的金额告诉顾客："多谢惠顾，您只需付这个数目就好了。"并将顾客的优惠卡交还给顾客。不直接将金额大声说出来，是因为有些顾客并不愿意让其他顾客知道这顿饭的实际花费。特别是一些拿到结账单后不急于付钱，并将单子收起来的顾客，更是如此。这时，服务员不必着急，通常这类顾客会自行到收银台去结账。

【案例】

某日，王小姐请几位多年未见的老朋友在某餐饮店吃饭。聚餐结束后，李先生示意服务员结账。随后服务员走到王小姐身旁递上账单并响亮地说："几位一共消费了360元。"

如果是在单独或和家人用餐的情况下，王小姐对服务员的这句话是能够接受的，但在老朋友的面前实在感到非常没面子。当时他顾不上那么多，便当着老朋友的面对服务员说："你不要大声嚷嚷好不好！"

"我们要求结账时要唱收唱付。"服务员竟理直气壮地回敬了王小姐。王小姐更加生气了，结过账后王小姐找到餐饮店经理说道："这样的餐饮店我再也不想来了。"

【案例】

一次，某公司需要宴请几位客商吃饭，秘书李小姐、她的老板及新来的客户经理小赵一起，陪同顾客到一家餐饮店就餐。老板是个美食家，也是那家餐饮店的常客，便无须服务员介绍，很快就点好了一桌丰盛的菜点和酒水。

席间，服务员态度热情，餐饮店的菜品又好，加上老板的频频劝酒，顾客们都非常尽兴，一笔为数不小的生意马上确定下来，并当即决定下午回公司起草合作协议，第二天早上进行签约。

“小姐，麻烦帮我们埋单吧。”秘书李小姐走出房间，对站在门外的服务员说，并把优惠卡交给服务员。不一会儿，经理就拿着结账单进来了。“各位先生、小姐都吃好了吗？”经理笑着跟大家打招呼。“好，好。”顾客高兴地回答。秘书李小姐负责结账，便招手让经理过来。“小姐你好，请付这个数。”经理用手指着账单说道，顺便把优惠卡还给王小姐。李小姐快速地查看了一下账单，大致无误后，按账单上的金额刷卡结账，并提醒经理开发票。

这时，客户经理小赵突然问李小姐：“这顿饭要多少钱啊？”李小姐一下不知怎么回答才好，看看老板，他的脸色也沉了下来，气氛一下子沉重和尴尬起来。经理一见这样，马上轻松地将问题引开：“各位顾客，我是餐饮店的经理××。这是我的名片，请各位多指教。”一边说一边将名片向各位顾客奉上，然后又针对服务和菜品向顾客作了一些介绍，直到顾客间的气氛又回转过来，她才礼貌地出去。当她把李小姐的卡和发票拿来时，李小姐忙向她表示感谢，她也对李小姐会心地说：“不用客气，这是我应该做的。”

➤ 顾客对账单持异议，认真对待

经常会遇到顾客在结账时认为餐饮店多收账款的情况，而这种事涉及餐饮店的商誉、商德，会带给其他顾客不良的影响，所以服务员必须认真对待，弄清事件的真实情况，根据不同的情况采用不同的处理方法。通常有以下几种情况：

1.顾客认为结账的价格不对

有的顾客点菜时不看菜单，结账时认为价格不对，要查看菜单核对价格。此时值台服务员应该拿来菜单请顾客核对，并认真、耐心地解答顾客的问题，以使顾客谅解。

2.顾客计算出现了失误

此时，餐饮店服务员应迅速地拿来菜单和计算器，与顾客一起核对账单，进行复算，并耐心地向顾客作解释工作，不允许流露出任何不满的情绪。

如果责任在顾客，也说明服务员工作不细、提示不周，没有完全按服务规程操作。要向顾客表示歉意。这样处理，一般都能顺利地化解危机，并增进顾客对餐饮店的好感。

3.工作失误造成账单错误

如在顾客结账前没有认真核对账单致使结账错误，结账时使用了其他餐桌的账单，收银员计算错误等。这些情况完全是服务员的责任。服务员应当收回账单，重新核对，使用正确的账单，错账要立即调整，该减的必须减去；并向顾客道歉，说明出错的原因，取得顾客的谅解后再结账。

4.在顾客点菜时没有把价格解释清楚

例如重量或按数量计价的使顾客误认为是按份计算的，同种菜品有不同菜量而没有向顾客说明清楚使顾客误解等，以致在结账时顾客突然发现价格太高，有被欺骗的感觉。这种情况属于服务员不执行服务规范、工作失误造成的，因此要主动承担责任，与顾客妥善协商，视情况减收部分账款，以取得顾客的谅解。

5.顾客所点的菜没上全

由于各种原因，顾客所点用的菜品没有上全，顾客当时并不提出，在结账时声明账单有误。这完全是服务员的责任，应当拿回账单，减去没上的菜价，向顾客道歉后再结账。

➤ 跑单，留意情形

餐饮店里跑账的现象也时有发生，这就要求特别留意以下几种情况，以便及时防止跑账、漏账事件的发生。

(1) 生客，特别是一个人就餐的顾客，比较容易趁工作繁忙时，借口上厕所、餐饮店里手机信号不好、到门口接人等趁机不结账溜掉。

(2) 来了一桌人，但越吃人越少，也难免会有先撤下一部分人，剩下一两个借机脱身的打算。

【案例】

某餐饮店来了一群穿着气派的人，其中一人手里紧紧抱着一个手提包，给人一个包里的东西非常贵重、需要小心保管的印象。这些人一坐下，就急着点店里高档的菜品、酒水，什么贵吃什么，什么好喝什么，豪气得令上至楼面经理，下至一般服务人员，个个以为来了一群身缠万贯的大老板，所以服务极为周到、热情。经理还逐位奉送了自己的名片和贵宾卡，希望这些阔绰的大老板们下次多带点生意过来。

等到酒菜上齐，豪客们也酒足饭饱后，一个眼神，这些人就开始陆续撤退了。有的先行告退，有的上洗手间，有的借口室内信号不好，到外面打电话，有些又需要到外面私下商谈点事情，剩下的那个趁服务员不注意，把那只包留在显眼的位置上，并将烟、打火机也留在桌上，造成上洗手间的假象，也跑了。当服务员进来发现人都不在但那只大包还在时，也相信顾客上洗手间去了，因为那么贵重的东西还在嘛。

等到餐饮店都要结束营业了，那些豪客们连影子都没有，服务员才开始着急起来，向楼面经理和主管报告。当大家小心翼翼地打开那只包时，发现原来贵重的包只是用人造革做的，里面塞满了破布和旧报纸。

➤ 顾客没有付账即离开餐饮店

一旦发生顾客没有付账即离开餐饮店这种情况时，服务员要注意处理技巧，既不能使餐饮店蒙受损失，又不能让顾客丢面子而得罪了顾客，使顾客下不了台。

出现顾客不结账就离开餐饮店这种情况时，服务员可按下述两条去做：

(1) 马上追出去，并小声把情况说明，请顾客补付餐费。

(2) 如顾客与朋友在一起，应请顾客站到一边，再将情况说明，这样可以使顾客不至于在朋友面前丢面子而愿意合作。

但是注意在追要餐费的过程中，服务员要注意礼貌，切忌粗声粗气地质问顾客，否则可能会使顾客反感，而不愿承认事实，给工作带来更大的麻烦。

➤ 包间顾客结账时要谨慎不出错

在为包间顾客结账时，包间服务员一定要陪同顾客前往收银台或包间服务员代为顾客结账，否则很容易出现错误。比如，弄错包间号或消费金额，给餐饮店带来损失。

【案例】

又是一个周末，某餐饮店的包厢座无虚席。到了晚上八九点钟，很多的包厢都用完餐要结账了。这时，七八个顾客来到收银处买单(当时没有包厢的服务员陪同在旁边)，并说自己是102包厢的顾客。收银员收款时也没有做任何核对，就打印出102包厢的点菜单和账单并让顾客签字，收了款(现金结算)，当时这个包厢的费用是500多元。

过了半个小时左右，另外的一批顾客过来结账了。收银员问他们是几号包厢的，顾客说是102包厢，陪在一边的服务员也证实这批顾客是102包厢的，通过核对账单及订餐人的姓名、电话，同样证明现在的这批顾客才是在102包厢用餐的，结完账(同样也是现金结算)后就让顾客走了。

之后通过检查，第一次来结102包厢账的那批顾客实际上是在201包厢用餐的，该包厢的实际费用是800多元。由于疏忽餐饮店少收了300多元的餐费，餐饮经理得知此事后做出了这样的处理：追不回的300多元由包间的服务员及收银员共同赔付。

细节35 特殊顾客，特殊服务

➤ 醉酒顾客

在餐饮店吃饭，经常有一些喝多了的顾客，有的趴在桌上酣睡，有的豪情万丈，有的不受控制地高声叫喊，有的甚至发酒疯、摔餐具、骂人、打人。面对这种局面，服务员应该怎样做呢？

（1）提醒已经喝多了的顾客及在座的其他顾客，让其注意酒喝多了，会影响身体健康。

（2）给醉酒顾客端来糖水、茶水解酒。餐饮店也可备些解酒药，供顾客服用。

（3）顾客来不及上洗手间呕吐的，服务员不能表现出皱眉、黑着脸等容易激怒顾客的动作和表情，而是要赶紧清理。

(4) 建议呕吐了的顾客吃些面条、稀饭等容易入口的软性食品。

(5) 如果顾客发酒疯，应请在座的其他顾客进行劝阻，使其安静下来。

(6) 如果顾客醉酒打烂了餐具，应进行清点，后让顾客照价赔偿。

(7) 发现醉酒者出现呼吸困难等紧急状况，应立刻拨打120求救，或将患者送往医院。

(8) 同时，无论如何，服务员或值班负责人员均应将事故及处理结果记录在工作日志上。

(9) 顾客若是因为庆祝、团聚等一些令人高兴的原因而喝醉的，服务员可以礼貌而婉转地劝其不要再喝了。

【案例】

有一天，一群人去参加同事的婚宴。席间，很多女士纷纷用白酒围攻新郎。新郎当然是不能喝醉的，于是身边的伴郎挺身而出。刚开始，伴郎还能轻易地招架住，表现得相当“海量”。后来激起了大家的好奇心，竟然轮番上去，借敬酒之名灌那位伴郎，想看看伴郎到底有多大的酒量。新郎见势不妙，想替伴郎挡驾，但又劝不住，只好看着伴郎的脸由红变青，由青变紫。最后，伴郎被众人灌醉，见人就骂，还差点跟上来劝酒的人打起来，要不是被其他兄弟强拉住，不知要闹出什么乱子来。女客们一见这阵势吓得纷纷退席，许多男客也不得不陪着同来的家人、朋友一同提前离开。好好的一个婚宴，被酒弄得不欢而散。

(10) 有的顾客是因为有了不愉快的事情而喝闷酒，导致醉酒发生，服务员同样要温和、婉转地劝其少喝些，并可以适当地与顾客交谈几句，说一些宽心和安慰的话。但千万不要谈得太具体、太深入。

➤ 不要用异样眼光看待残疾顾客

残疾人最怕别人用异样的眼光看待他们，所以，作为餐饮服务人员，绝不能用怪异的眼光盯着残疾顾客，而是要用平等、礼貌、热情、专业的态度服务他们，尽量将他们安排在不受打扰的位置。

1.盲人顾客

盲人顾客因为看不见，服务员应给予其方便。具体做法为：

(1) 为其读菜单，给予必要的菜品解释；同时，在交谈时，避免使用带色彩性的词作描述。

(2) 每次服务前，先礼貌提醒一声，以免顾客突然的动作使你躲避不及，造成意外发生。

(3) 菜品上桌后，要告诉顾客什么菜放在哪里，不可帮助顾客用手触摸以判断菜品摆放的位置。

2.肢体残疾顾客

(1) 应将顾客安排在角落、墙边等有遮挡面，能够遮挡其残疾部位的座位上。

(2) 帮助顾客收起代步工具，需要时帮助顾客脱掉外衣。

(3) 顾客需要上洗手间时，要帮助顾客坐上残疾车，推到洗手间外。如果需要再进一步服务的，请与顾客同性的服务员继续为之服务。

3.聋哑顾客

对于聋哑顾客，服务员要学会用手势示意，要细心地观察揣摩，可以利用手指菜肴的方法征求顾客的意见。

4.注意事项

(1) 在为残疾人服务时，服务员既要表现出热情、细致、周到的服务，又要适可而止。有的肢体残疾人不愿意让别人把他当成残疾人看待，所以要注意不要在服务过程中热情过度或提及残疾方面的词语，给予顾客一视同仁、平等待人或既温暖又尊重的感觉就好了。

【案例】

一位脚有残疾、坐着轮椅的顾客进餐饮店就餐，服务员小王非常热情地帮助这位顾客靠近餐桌，倒茶和点菜。由于这位顾客点的菜比较多，开始上的菜都放在他的手能伸到的地方，后来上的菜离得远些，这位顾客夹起来就很困难了。

服务员小王见状，立即上前帮忙夹菜，但这位顾客很客气地说要自己夹。小王认为帮顾客是应该的，也没理会顾客，还是帮顾客把菜夹了过来，顾客的脸却一下子就沉了下来："谁要你夹了！"随即很不高兴地立即付账，愤然离去。

（2）在为残疾人进行结账服务时，服务员要耐心地向顾客解释账单，有时可以逐项累计菜价，让顾客心里明白。当残疾人付款时，服务员要告诉顾客所收的钱数和找付的钱数，一定要让其清楚。

（3）另外，服务员千万不要帮顾客从钱包里拿钱，以免造成其他不必要的麻烦，或引起顾客的误会猜疑；即便是盲人，也应该让其自己拿钱、自己装钱。盲人可以通过手摸来感觉钱票面额的大小，各种人民币上都印有盲文。

【案例】

一次，某餐饮店来了一位头发金黄、皮肤白得很不正常，走路一颠一颠，而且还严重脱皮的顾客。迎宾员像见了传染病人一样，与那位特殊的顾客拉开了好大的距离，远远地将他引了进来，带到一个不起眼的角落位置。这位顾客的到来多少还是引起了不少人的注意，纷纷侧目看他，还小声地议论。服务员在为他倒茶时，两腿站得老远，手伸长了还差点够不着茶杯。顾客见此马上就不高兴了。在后来的服务中，服务员始终是一副不情愿的样子，更谈不上热情、周到了。那个顾客好几次都阴着脸好像要发火似的，但看见餐饮店里很多人都偷偷回头看他，便不再理会。匆忙吃完饭，走到服务台边时，他犹豫了一下，翻开《顾客留言簿》写了起来。那位服务员开始愁容满面了，想着自己要被顾客投诉，当月的奖金又要泡汤了。等饭市结束后，服务员急忙翻看那位顾客的留言，才知道那位顾客其实得的是一种不会传染的基因病，他投诉大家都把他当怪物看，服务员像怕被他吃了一般，总是站在一丈开外的地方倒茶、写菜。同时，他对周围顾客用怪异的眼光看他和议论，也很有意见，认为在餐饮店里消费不应出现这种状况，至少服务员不应如此。

➤ 巧妙应对小孩吵闹

带小孩的顾客来餐饮店用餐时，服务员要给予更多的关注和照顾，服务员所做的每一点努力，都会得到顾客的认可与赞赏。

服务员可以从下面几个方面着手，去照顾带小孩的顾客用餐：

（1）对年幼的小顾客要耐心、愉快地照应，并帮助其父母，使小朋友坐得更舒适一些。

可以为小孩拿来儿童专用椅，一般的餐饮店都应准备好这样的专用椅。考虑周到的餐饮店还可准备两种专用椅。一种是专门为幼儿准备的，椅子的前部有一个像桌面似的栏板，幼儿使用的盘、碗都可以放在上面，这种椅子因为有栏板，所以孩子坐在上头很安全。

另外一种椅子是为五六岁的孩子准备的高坐椅，可以让大一点的孩子能够与大人一起上餐桌用餐而准备的。

小孩的椅子尽量不要安排在过道旁边，以避免危险的发生。

(2) 在小孩的桌上，不要摆放刀叉等餐具，另外像易碎的糖缸、盐瓶等物品也应挪到孩子够不着的地方，以免发生意外。

(3) 如果有儿童菜单，请家长先为孩子点菜，点了菜之后，可以先给孩子上菜，孩子的菜要注意软、烂、易消化。

(4) 孩子使用的餐具要安全，一般可以使用金属的，而不要选择玻璃制品，给孩子斟饮料，不要用太高的杯子，最好用短小的餐具，以方便其使用。

(5) 尽可能地为小朋友提供围兜、新的座垫和餐饮店送的小礼品，这样会使孩子的父母更开心。

(6) 如果小朋友在过道上玩耍，打扰了其他顾客的正常用餐，要向他们的父母建议，以免其他意外的发生。

(7) 当孩子用餐完毕，服务员可以给孩子提供一些简单的玩具供其玩耍，或是帮助家长照看一下小孩，让大人可以无牵挂地用餐。

【案例】

一天，餐饮店来了几对带小孩就餐的顾客。半小时过去，小孩大约吃得差不多，几个年纪相仿的小孩便跑到一起玩耍，整个店顿时显得吵闹起来。他们的父母只是提醒一下孩子不要跑来跑去以防摔跤等，就自顾与同来的朋友聊天了。随后又引来更小的小孩，他们在大人的搀扶下，跌跌撞撞地跟着那群孩子进进出出凑热闹。

店里本来没有为孩子们设立专门玩耍的地方，仅有不宽的过道和一些摆放物品的位置。小孩子们的冲撞给服务工作带来了很多不便。一是有顾客投诉餐饮店吵闹，没法安静地享受美食；二是一位老年人在行走时差点被撞倒，幸好服务员眼疾手快扶住了顾客；三是因为孩子们的冲撞，险些使传菜员将一托盘的菜弄洒；四是在领台员带位时，孩子们妨碍了顾客的行走。

于是，当务之急就是想办法将这些孩子们送回座位上，并让他们乖乖地呆着。经理首先来到孩子父母跟前，礼貌地对他们说："对不起，打搅你们一下可以吗？你们的孩子真的非常活泼、可爱，但在餐饮店里来回奔跑，恐怕容易发生意外。为安全起见，可否请他们回座位呢？我们将向孩子们提供一些简单的玩具和图书，您看好吗？"然后又温和地对孩子们说："小朋友你们好！看到你们玩得那么开心，现在一定该累了对吗？你们想不想看小人书和玩玩具啊？"孩子们一听有书看、有玩具玩都很高兴，全都举手说要书看、要玩具玩。经理马上提议道："好！那就马上回到自己的座位上，看谁最乖，叔叔就将玩具和书送给谁。"再加上一句："看谁回去得快！"话音一落，孩子们马上飞奔到了各自的座位上，乖乖地等着服务员阿姨的到来。孩子们有了新的兴趣，自然能安静下来了。餐饮店又恢复了以往的安静。

(8) 有的孩子十分可爱，服务员喜欢上去逗弄孩子，但若非很熟，最好不要抱小孩或是抚摸小孩的头，有些孩子的父母不喜欢看到这种情形。没有征得孩子父母的同意，服务员也不要随意给孩子吃东西。

总之，对于带小孩用餐的顾客，服务员既要热情，又要得体，要注意把握好分寸，千万不要适得其反。

➤ 老年顾客

如果就餐的顾客是老年人，年老体弱就更需要服务员给予特殊照顾。

若是看到老年顾客独自来用餐，身边无其他同行的顾客时，服务员应主动地扶他们就近入座，要选择比较肃静的地方，放好手杖等物，在顾客离开前，主动地把手杖递到他的手中。

在给老年顾客上菜时，要注意速度应快一些，不要让其久等，给老人做的饭菜，还要做到烂、软，便于咀嚼。

总之，对于老年顾客，服务员应给予更多的细心与关心，更多地奉献责任心与爱心。

【案例】

张女士和他80多岁的母亲来到餐饮店用餐，刚下车，张女士便走到她身旁搀扶着，原来老人的行动不太方便。这一细节被服务员小李看到了，于是，她快步走出大门，微笑着来到老人面前说道："老奶奶，您慢点，我来搀扶您吧。"到了餐饮店的大门口，小李立即将旋转门的速度放慢，让老人安全地走进了餐饮店。进了餐饮店小李还专门为老人安排了一个出入方便的位置，然后微笑着离开了。待张女士及母亲用完餐准备离开的时候，小李又细心地把老人送出了餐饮店，当老人准备上车时，小李不仅为老人拉开了车门，又将老人的双腿扶进车里帮老人把大衣掖好，最后将车门轻轻地关上。小李这一系列服务使张女士和她的母亲非常感动，她们连连称赞说："你们的服务太好了，下次我们还来这儿！"

➤ 熟人或亲友

服务员在岗时，如果遇到熟人或亲友来用餐，应当一视同仁地对待。服务员应该像对待其他顾客一样，热情而有礼地接待，主动周到地服务，而不能直接离岗，与熟人或亲友闲谈。还应注意的是，服务员不可在大庭广众之下，不顾自己的身份和工作场所的规定，与亲友或熟人寒暄时间过长，甚至是拍拍搂搂、拉拉扯扯，以免引起其他顾客的不满，造成不良影响。另外，服务员更不能离岗，直接与熟人或亲友人席同饮同吃，要知道，服务员在餐饮店是工作时间，应该为所有顾客服务，怎么能弃其他顾客于不顾，而与熟人、亲友话短长呢，这显然不合适。

在点菜和结账时，最好避开，请其他同事代劳，以免引起不必要的误会。

细节36　顾客要求，尽量满足

➤ 自己加工食品

有时顾客在就餐的过程中，要求自己加工一下食品或自带一些食品要求加工。

对于这样的情况，服务员应根据情况及餐饮店的规定酌情处理。

【案例】

一个炎热的晚上，某川菜餐饮店里来了六男一女。点好菜后，他们便开始围攻坐在女孩身边的男人，吵闹着要他公开怎么将女孩追到手的事。那个男人拗不过大家，只好看看低头窃笑的女孩，然后讲了起来。讲到后面，那个男人更骄傲地向大家说："小丽不仅年轻、漂亮，还会烧一手好菜呢。最拿手的就是麻婆豆腐，那个香呀，想想都流口水。"男人停下来，看一下大家，故意叹息说："唉！可惜你们尝不到呀。"听他这么一说，大家都露出失望的神情。

突然，其中一个男人大声提议道："让小丽现在就给我们做麻婆豆腐如何？"一语点醒了大家。"好啊，好啊。"大家一致赞同。男人再看看身边的女孩，还是一个劲地笑，没有反对的意思。刚才负责点菜的那位见状，马上招手叫服务员过来。"小姐，我们这位小丽小姐可是做菜的能手，现在想借用一下你们的厨房。麻烦你带她去一下，好吗？"服务员一听，犯难了，从没顾客提过这样的要求。要是可以让顾客进厨房自己做菜，我们的厨师岂不是要失业？再说啦，厨房不像楼面那么干净，怎么能让顾客进去呀？顾客见服务员站在那里皱眉，便不耐烦了，对她说："你要是做不了主就让经理来吧，别站在这里像木头一样。"见顾客不高兴，服务员赶紧跑去找来了经理。

经理过来了，他对顾客们笑着解释："各位先生的提议真是挺特别的。不过我们餐饮店还没开过这样的先例，而且厨房重地，连我们都不能随便进入。况且这位小姐穿着这么讲究、斯文，要是为了炒个菜，把一身漂亮的衣服弄脏，就得不偿失了。小丽小姐，您觉得我说得对吗？"顾客们这才注意到小丽今天真的穿了套漂亮的衣服来吃饭。小丽听到经理这么说，也开始心疼自己的这套新衣服了。这个提议就这么轻而易举地被经理挡了回去。

为了不让顾客失望，经理一方面让厨房认真做这桌顾客的菜，一方面又让服务员取来两瓶冰冻的啤酒，免费送给那桌顾客。年轻人本来就爱喝啤酒，加上天气炎热，看见冰冻的啤酒上来，高兴得很，纷纷夸这里的经理（会做人）。顾客到餐饮店吃饭，本来就是来品尝食物的，如果让顾客去显身手，势必会扰乱厨房正常的作业程序，也会影响到其他前来就餐的顾客。所以，服务员要从顾客的角度劝说顾客放弃这个念头。

自带食品要求加工

有时顾客会自带一些食品要求加工，这也是一件正常的事，餐饮店应尽量满足顾客的需求而不应拒顾客于千里之外。但是，服务员事先要告诉顾客，替顾客加工其自带的食品要收工本费，这是餐饮店的规定，无法破例。同时，还应当着顾客的面，鉴定一下顾客所带食品的质量，以便加工以后，顾客提出品质方面的质疑，引起不必要的麻烦。

代管物品

有的顾客在餐饮店用餐时，会将没有吃完的食品或酒品请服务员代为保管。遇到这种情况，服务员应注意处理好，不要引起顾客的误会。

服务员一般可采用下列几种办法来解决这个问题：

(1) 耐心地对顾客解释，说明食品与酒品关系到健康问题，为了防止意外，为了对顾客负责，餐饮店规定一般不宜替顾客保管物品。

(2) 服务员可以主动地替顾客打包，请顾客带走。

如果是顾客要去办其他的事，要求临时将食品存放一段时间，办完事后再来取，服务员可以请示领导，得到批准后为顾客代存。

应该注意，替顾客保存食品之前，要将食品包好，写好标签，放到冰箱内，服务员之间也要交代清楚，待顾客来取时，以便及时交给顾客。

(3) 顾客要求保存剩下的酒品，餐饮店应根据酒的种类和顾客的具体情况酌情处理。

从经营的角度来说，顾客在餐饮店里存放酒品，说明对该餐饮店感兴趣，对餐饮店的菜点和服务都满意，有常来的意思，这是表示对餐饮店的信任，是好事。

【案例】

有一天，某公司陈总在一家高级餐饮店宴请客户。看来宴请的顾客很重要，陈总特地点了50年酒龄的茅台。酒过三巡、菜过五味，转眼两瓶酒即将见底。服务员小姚一看，再拿1瓶肯定喝不完，不拿客户又兴致未尽。“有了……。”思考之后，只见她对着耳麦轻轻说了几句。

不一会儿，宴会结束了。陈总去收银台结账时问服务员小姚：“今天我们喝了几瓶酒呀？”“两瓶！”“不对吧！明明摆着3瓶吗？”“陈总，有一瓶是您上次来保存在我们这里的。”“哦？！太好了！”

不过，替顾客保存物品，餐饮店一定要对顾客及物品负责，保证不出任何问题。只有做好以下各项工作，才可以获得顾客的信赖，吸引顾客常来，营业额自然就增加了。

（1）一般葡萄酒类的酒品，开瓶后不宜保存时间过长，顾客假若要求代管剩下的葡萄酒，服务员可以为其服务，并提醒顾客记住下次用餐时饮用。

（2）如果顾客要求保存的是白酒，则放在酒柜里即可，也要上锁并由专人负责。

（3）为顾客代管的酒品，要挂上顾客的名牌，放在专用的冰箱里，冰箱应有锁，由专人负责保管。

细节37　常见问题，巧妙应对

➤ 菜、汤汁溅到顾客身上

菜汁、汤汁、酒水溅到顾客身上，往往是由于服务员操作不小心或违反操作规程所致。在处理这种事件时应首先诚恳地向顾客道歉，然后用干净的湿毛巾为顾客擦拭衣物上的污渍；如果是女顾客，应由女员工为其擦拭。

如果不奏效，要将餐饮店备用的干净衣服给顾客换上，把脏衣服按下列方式进行处理：

（1）油渍。用清洁剂和热水将弄脏的衣服浸泡半个小时后，再搓洗干净。

（2）茶渍、咖啡渍。尽快将衣服浸泡在冷水里，即可用一般的方法清洗。

（3）红酒酒渍。衣服入水前，将白酒或酒精倒在红酒渍上，也可用醋精或米醋倒在红酒渍上反复搓，再将衣物放入较热的清水中清洗。

除以上方法外，也可将衣服送到专业的洗衣部门进行清洗。衣服洗净、熨平后，由餐饮店主管亲自给顾客打电话联系送衣地点。带上由餐饮店经理签名的致歉函，把衣服送到顾客手中。

➤ 顾客AA制

越来越多的人接受吃饭A A制，对此，餐饮服务员应该有所准备，提供有效服务。

【案例】

有一天，某餐饮店来了五位要求分点菜、分付账的人士。服务员为他们写好了菜单，不一会，上完后，才发现还有一位顾客的菜没上，只好让传菜员到厨房催。其他人的食物都上齐了，那位顾客还在不耐烦地等着。催过几次后，厨房传话过来，菜已经全部上齐了。服务员一听傻了，急忙跑去厨房查单，才发现自己工作出了错，令厨房误认为两张同样的点菜单是重了单，所以只做了一份菜。事后，服务员给顾客道了半天歉，顾客才没继续生气。当然，这位顾客的菜是要求厨房加快出的。

一般的AA制，餐后先由一人结账，再人均平摊所需费用。这种AA制通常由顾客私下自己解决，对餐饮店的服务工作并无什么特别要求，但对于各点各的餐、各结各的账的顾客，则需要服务员多留几个心眼，结账时注意以下要点：

(1) 首先从主宾或女宾开始按顺时针方向逐位服务，每写好一份菜单，要注意记录顾客的姓氏、性别、特征、座位标志等。

(2) 将菜单交给负责上菜的服务员、厨房、收银台。

(3) 顾客需要添加食物或酒水的，在其账单上做好相应的记录。

(4) 结账时最好由负责点菜的服务员负责，以减少出错的概率。

➤ 顾客要求陪酒，委婉拒绝

这是顾客想表示对服务员服务工作做得好的谢意。对于这种性格外向的顾客，服务员要谢过对方的好意，并委婉地告诉顾客，餐饮店规定服务员是不能与顾客一起喝酒的，请顾客谅解。同时，要马上为顾客倒酒、换骨碟、换烟灰缸等，以转移顾客的注意力。

顾客找不到人喝酒，一个人喝又觉得没意思。对于这类顾客更要注意自己的行为举止，免得顾客借酒浇愁，把你当成倾诉或发泄不满情绪的对象，既影响你正常的服务工作，又妨碍了对其他顾客应有的服务，还把自己无端卷进顾客的是非之中。

有个别顾客有意借三分醉意挑逗服务员。遇到这种顾客，服务员要严肃、技巧地拒绝顾客的无理要求，并请顾客自尊、自爱。拒绝时用词要温和，但态度一定要严肃、沉着。

【案例】

某天，服务员小王接待了几位挑剔的顾客，他们刁难了小王好几次，小王总是耐心地为他们服务。突然，主宾大声说："小姐，你对我有意见？这么多人，你偏偏把鱼头朝向我？"

"不敢，不敢。"小王急忙摇头。

"那，你得给个说法，不然，这鱼头酒，你替我喝了。"顾客有点刁难。

小王壮了壮胆："您看，这是条鳜鱼，您呢，是今天的贵客，您说，鳜(贵)鱼不朝着贵客，朝着谁呢？"顾客们都笑了。

终于，气氛在一个小小的玩笑后缓和了些。可这鱼头酒，那位主宾是说什么也不喝。顾客们又把任务交给了小王："小姐，鱼是你放的，鱼头酒还是你来解决吧！"

"什么？这……"小王慢慢地走到主宾身旁端起酒杯，"先生，我知道，您是一定不会让我为难的，是吧？！"

"嗯，怎么不会！你替我把它喝了，我出小费！"

小王哭笑不得，说："上班时间不能喝酒，这是我们的规矩啊。"

"我又不说，谁知道？"他边说还边站起来关上包房的门，又掏出一张百元大钞拍在桌子上。

小王笑着摇头，说："先生，您也是领导，和我们领导一样，总不希望看到自己的员工触犯规章制度吧！"

"好！说得好！大哥，喝吧，不就小酒一杯吗？小姐脚都站累了！"一桌人居然都为小王说话。他终于端起了酒杯一饮而尽。

后面的服务异常顺利，顾客的态度也来了个180度的大转弯。临走，都主动和小王握手表示感谢！

➤ 顾客有要事谈

服务周到、殷勤很好，但也要看场合，要特别注意察言观色，如果发现顾客来餐饮店的目的是有要事谈，就不要过多地打扰他们。

(1) 遇到要求坐在餐饮店偏僻座位、角落座位和包房的顾客，多数是为了要有个安静的环境，便于洽谈和不受太多干扰。

(2) 如果顾客表现得乐于攀谈，服务员可以与之多聊几句，使顾客觉得餐饮店服务人员待客热情。

(3) 如果顾客落座后显得比较兴奋和急于与同来的顾客谈话，服务员则应该微笑、安静地为他们服务，然后礼貌地退出。

(4) 在进行服务时，也应安静地进行。如需提醒顾客点菜或有事要向顾客说明，应在顾客讲完话后再礼貌地插话："很对不起，先生，打搅一下好吗？现在已经快中午1点了，能不能请你们先把菜点好再接着谈？""对不起，打搅了。你们点的菜原料不够，可以请你们另外再点一道菜作替换吗？"

(5) 等事情得到解决后，服务员还要再道歉一次才退出："谢谢你们的理解。打搅了大家的谈兴，实在抱歉。"

【案例】

某日，两位顾客相约到某餐饮店见面谈些重要的事情。为防被打搅，她们特意订了一间房间。当两位顾客坐下聊天时，服务员小王殷勤地上茶、递毛巾、上餐前小吃，还不停地说："小姐请用茶。""这是餐前小吃，请两位小姐品尝。""两位小姐喜欢吃点什么？""两位是头一次来我们餐饮店吃饭吗？"接着还准备介绍餐饮店。

如果只是来吃饭，顾客会觉得服务员照顾得很周到，可是当时由于急于谈事，只好礼貌地谢过她，请她去为别的顾客服务。虽然小王也识趣地出去了，但却似乎怕顾客自己不会倒茶，隔一会儿就进来续水，隔一会儿又进来看看，好几次问顾客需要些什么？由于顾客谈的事情比较隐私，不愿被其他人听了去，所以每当服务员进来，她们就要被打断，感觉很不舒服。最后，顾客警告服务员："没有叫你进来时，请你别进来打搅我们！"小王吓了一跳，红了脸立即出去了。后来，没有顾客喊叫，她真的不敢再进来了。

（6）要多观察顾客的言行。如果自己的工作打搅了顾客，就应该减少像换骨碟、烟灰缸这样的服务。在更换时，也要尽量地从不防碍视线的角度进行服务，并轻拿轻放，尽量不打搅顾客。此外，顾客在谈一些重要的事情或隐私时，服务员应该自觉地退出房间，并将门关上。需要进来时，也应先敲门再进来，让顾客有个心理准备。

➤ 顾客想要赠送礼品或小费

顾客为了表示感谢，往往喜欢赠送礼品或小费以表示谢意，表示对服务员良好的服务态度、服务热情的认可。遇到这种事情时，服务员要婉言谢绝，向顾客解释不收礼品或小费的原因，但语言不必过多、过于繁琐。如果实在推脱不了，可以暂时收下，并表示谢意。事后，要向餐饮店领导讲明原因，做好登记，以便统一处理。当然，也可以采取别的一些办法，还要看餐饮店的具体有关规定而定。

有的餐饮店设有专门收集小费或礼品的箱子，遇到不能推脱的小费或礼品时，就把小费塞入收集箱，一个季度后再打开，作为员工共同的额外奖金发放给所有员工；对于礼物，一般可到一定时候，公开对员工拍卖，再将拍卖款放入小费收集箱里。

➤ 不礼貌顾客

（1）作为接待旅游团体的餐饮店，应该从不同渠道多方了解旅客当地饮食的习惯和状况。服务员要事先做好一些准备工作，这样不至于届时手忙脚乱而被投诉。

（2）遇到没有礼貌、甚至呼喝服务员做事的顾客，除了用宽容的心态去向顾客道歉外，服务员还要用特有的微笑去服务顾客，把服务工作做好。微笑其实是一把非常锐利的武器，有再大意见的顾客，只要看到服务员诚恳的面孔、真诚的道歉、热情的微笑，没有不“投降”的。俗话说“你敬我一尺，我敬你一丈”。人心都是肉长的，顾客没有理由拒人于千里之外的！

（3）有一些顾客，有自我表现的欲望，比较喜欢在众人面前有所表现，找一些借口将事情扩大化，将众人的视线吸引过来，表现够了，她也就心满意足了。对于这样的顾客，一要耐心听取她的意见，不要急于争辩和反驳；二要坚持用微笑来打消她继续表演的欲望；三是为了感谢她给餐饮店提出的宝贵意见，给她送上一份小礼物或水果，给她足够的面子，她自然就会高兴地“收场”了。

【案例】

某餐饮店，接待了一个广从东来的旅行团。该团的一位中年男士，非常挑剔。原来，广东人到餐饮店吃饭都有用茶洗漱餐具的习惯，无论水温是否足以起到杀菌的作用，总之经自己的手将餐具冲涮一下，心里就放心了。到了外省，这样的习惯就不太被当地服务员所理解，认为这个动作比较多余，是一种资源的浪费和对他们餐饮店卫生工作的不信任。一桌12个人坐下来，刚送上的一壶茶水即刻被用于冲涮，甚至还不够，又要喊服务员加水，供其他没倒上水的顾客冲涮餐具。续水还没送上来，前面已经涮好餐具的顾客又该将水倒了。刚将盛洗涮水的器皿摆上桌，茶水又要续了，这次大家要喝水了。一壶茶水只够大半桌的顾客用，还得再加。光这顿工夫，服务员被那位嫌她们手脚慢、服务跟不上的女士呼来唤去地忙个半死。不仅这样，那位女士每次使用的都是命令句式："喂！加水！""有没搞错啊！菜这么难吃。叫你们老板来！""喂！你过来！这么热，怎么不会把空调开大点呀？"

➤ 顾客损坏物品

绝大多数用餐顾客在餐饮店损坏餐具或用具是不小心所致。对待这种情况，具体做法为：

(1) 先要收拾干净破损的餐具和用具。

(2) 服务人员要对顾客的失误表示同情，不要指责或批评顾客，使顾客难堪。

(3) 根据餐饮店有关财产的规定，视情况决定是否需要赔偿。

如果是一般的消耗性物品，可以告诉顾客不需要赔偿了，如果是较为高档的餐具和用具，需要赔偿的话，服务人员要在合适的时机，用合适的方式告诉顾客，然后在结账时一起计算收款；要讲明具体赔偿金额，开出正式的现金收据。

【案例】

一位40多岁的女士，在某餐饮店酒架前选葡萄酒时，不小心摔碎了一瓶。服务员闻声跑过来，看到这种情况，马上护送这位女士走出碎玻璃范围，并关心地询问："女士，您没有受伤吧？"

顾客感到不好意思，说道：“不，我没受伤。不过，打破了一瓶酒，真是对不起。这瓶酒多少钱？我照价赔偿。”“不用，不用！是我们商品陈列不好才让您受惊的，这是我们的疏忽，您不用在意。”服务员说完后，便叫清洁工把碎瓶子清理干净了。

顾客依然觉得过意不去，便坚持要赔偿。可服务员一再委婉地拒绝，后来，顾客只好说：“好吧，既然你坚持不让我赔偿，那么你把你们最好的葡萄酒给我拿六瓶。”说完，便付了不菲的价钱买走了六瓶价格极高的葡萄酒。

➤ 顾客偷拿餐具

餐饮店中用于服务的餐具，特别是一些特色餐饮店里面餐具的款式和做工一般都比较精巧别致，有些顾客会出于好奇，也有些旅游的顾客，每到一个地方都喜欢拿一点小物品或是餐具作为纪念品，而擅自拿走。

发生了顾客偷拿餐具怎么办？餐饮店是进餐的场所，因此，当服务员发现了顾客偷拿餐具时，千万不可大声嚷嚷，也不能生硬地让顾客当场把偷拿的物品交出来。服务员若是强行命令顾客，就很容易把事情弄僵，有时甚至会扰乱餐饮店的正常秩序和气氛。遇到这类问题时，服务员应讲究策略与方法，巧妙地解决。

【案例】

在一家高档餐饮店里，一位外国顾客用餐时，看到所使用的餐具古色古香，富有中国特色，心生爱意，于是悄悄地装进了口袋。这一幕，恰巧被服务员小柳看到了，她不动声色地说：“谢谢各位的光临，顾客的满意是本店的荣幸。我发现有的顾客对我店的餐具很感兴趣——这当然是很精美的工艺品——如果有哪一位愿意购买的话，我可以与我们的工艺品销售部联系，那里有同样精致、无毒且全新的具有中国特色的成套餐具奉献给各位。”说着便把目光投向了那位将餐具放进口袋的外国顾客身上。那位顾客马上从口袋里将餐具掏出来，说：“我看到贵国的工艺品太精致了，情不自禁想收集一套，我很喜欢它，既然有全新、成套的，那就以旧换新吧。”

➤ 顾客要求取消等了很久却没上的菜

顾客催菜是个常见的问题。遇到这种情况，服务员要如此处理：

(1) 首先要道歉。

(2) 再查看点菜单和桌上摆放着的菜品，确定无误后，马上通知传菜员或自己到厨房查对、催促。

(3) 若顾客要求退掉该菜，应赶紧去厨房查问这道菜做了没有。如果是即将做好的，要回去跟顾客解释，并告诉他们所点的菜很快就上，请他们稍等，并为此再作道歉；如果菜还没做，则应向主管报告，同意顾客取消的要求。

【案例】

有一次某餐饮店来了一桌外地顾客，坐下后他们便喝茶、聊天、等菜。不知什么原因，那桌菜稀稀拉拉地上着。也许是该桌顾客饿了，一阵“秋风扫落叶”后，已经吃饱了，后面还有两道菜没上齐。客人招手叫服务员过来，要求将那两道菜取消掉，理由是上菜速度太慢，他们已经吃饱要结账了。服务员为难地对顾客说：“不好意思，请你们稍等一下，菜应该很快就上来了。”顾客一听就火了，“什么叫‘应该’？我们饭都吃完了，菜还没上，叫我们怎么吃呀？”服务员只好说：“那我到厨房看看菜做好了没有吧。”说完马上去厨房查问。一问才知道两道菜都在做，其中一道快要端来了，另一道也要不了几分钟便好了。服务员愁容满面地回到顾客桌前解释，想说服他们继续享用那两道迟来的菜，但顾客就是不管，一定要退。无奈之下，服务员只好找领班解决了。

领班是一位温文尔雅的女士，一见到顾客，马上面带微笑地向顾客了解情况。等顾客将心中的牢骚和不满都发泄完后，领班才笑着说道：“菜到现在还没上齐，完全是我们的错，责任自然要由我们自行承担。如果你们要退掉，我完全赞成。但我听你们口音好像不是本地人，对吗？”顾客听到领班同意退菜，马上舒了口气，口气也缓和了很多。其中一人回答说：“是啊，我们从北京来的，忙得连中午饭都没吃上。所以刚才狼吞虎咽地就把肚子给吃饱了。”“哦，怪不得！其实后面这两道菜才是本店典型的特色菜，口感香、不油腻，今天做这两个菜的大师傅可是我们餐饮店的金字招牌，获奖无数的呀。你们尝不到真是有点可惜呀。”领班说完，还表现出一副惋惜的神情，说得那几个外地顾客不由得犹豫了起来。领班似乎看透了他们的心思，进一步说："如果你们真的决定不要了,我可就安排给其他等着的顾客啦。"说完就招呼另一个服务员过来，吩咐她将摆在工作台上香喷喷的菜，端到另一张桌去。一个顾客马上摆手阻止说："既然这么好，我们就尝尝吧，把菜放在这好了。"

为了使顾客吃得满意，领班在两道菜都吃得差不多时，还过来向顾客征求意见并亲自送上了果盘，其态度的诚恳和热情，使原本有心退菜的顾客收回了意见，高兴用餐。

➤ 餐饮店客满

(1) 如果座位已满，应礼貌地告诉顾客："小姐／先生，对不起，现在已经没有空座位了。请您在休息处稍等一会儿好吗？一有顾客结账离开，我会马上告诉您的。"

(2) 人多的情况下，要给等候的顾客排等位号并做好登记。不要让先来的顾客后得到座位，而后来的顾客却先得到座位。否则一定会引起顾客的不满，同时也显得餐饮店管理混乱，把顾客赶跑了。

【案例】

一天中午，某餐饮店前面有许多顾客在外面站着排队。咨客看着排队的顾客，只能摇头表示没有办法可想。许多顾客站了大半个小时，腿都站累了。总算有人结账要走了，几个新来的顾客急不可待地抢先跑了过去，并毫不客气地坐了下来。咨客见了只是看了看就不管了。先到的顾客都很有意见，纷纷指责咨客和那些抢占座位的顾客，谁知咨客居然说："我们餐饮店接待谁都是接待，有钱赚就行了，我管是赚谁的。谁先坐谁坐！"大家简直气炸了，其中几个女孩子马上生气地离开了。

(3) 为等位的顾客送上茶水和报纸、杂志，以转移顾客的注意力。

(4) 有座位提供时，不要急于将顾客引进餐饮店，应等服务员将桌子收拾好，摆好台，再请顾客入座；否则顾客看到狼藉的杯盘，还要站在一旁等候服务员收拾、换桌布、重新摆台，一定会影响情绪。

(5) 如果顾客没有时间久等，服务员应向顾客介绍厨房可快速做好的食品，请顾客将食品打包回家再吃。"我们餐饮店有几款味道不错的菜点，可让厨房尽快做出来让您打包的，不知您是否愿意试一试呢？"并要对这种提议表示道歉："实在不好意思，因为今天来的顾客特别多，一下子不能为您解决座位，请您原谅我的这种提议。"

(6) 给顾客奉上餐饮店的订座名片，请顾客下次提早预订。

(7) 将顾客送到餐饮店门口，道再见："先生慢走。欢迎您下次光临！"

➤ 顾客点了菜单上没有的菜

如果顾客点的是菜单中没有的菜式，应请顾客稍候，向厨房询问是否有所需的原料和配料、菜品的质量能否保证、出菜的时间是否太长等，然后再向顾客作解释，请顾客自己决定或者向顾客作相应的推介。

【案例】

8月的某一天，深圳一家餐饮店里，每台空调都开足了马力等待顾客的光临。突然，门外闯进来一位中年男士，操着一口四川话，说要吃火锅。大家一听都以为耳朵出了毛病，听错了。但那位中年男士重复了几遍，还是要吃四川火锅。本来这家餐饮店是经营粤菜和川菜的，但到了炎热的夏天，广州本地的顾客都怕上火，吃川菜的顾客明显减少，有时竟一天都没有一个吃川菜的顾客来。老板只好让做川菜的几个师傅等天气转凉了再回来做川菜。谁知师傅们才走了两天，吃川菜的顾客就上门了，而且还要吃火锅，急得老板直挠头。

这时，餐饮店经理笑着对顾客说："这位女士，深圳天气这么热，您不怕吃太辣上火啊？"女顾客也笑了："我们四川人不上火的，时间长了不吃正宗的四川火锅，才上火呢，真的。"经理想：如果实话告诉她做川菜的师傅走了，这位顾客一定会很失望。既然她是冲辣椒来的，那我们不妨向她推荐些用辣椒炒的菜试试。只见经理对顾客说道："四川火锅真的很好吃，其实很多深圳人都喜欢吃。只是深圳的夏天又长、又热、又燥，很多外地人来到这里都不得不喝凉茶祛湿、祛热。因为四川的水质是寒凉的；而我们广州的水和整个气候环境都是燥热的，所以广东的饮食都是以清淡的食物为主的。”“哦？你讲得似乎很有道理。实话告诉你吧小伙子，我刚从四川到这里陪孩子上大学。孩子总在学校里，我自己一个人也不想做。刚好看到你们这里写着经营川菜，我就进来了。既然你说吃川菜太上火，那我吃点啥好呢？”经理一听有戏，很高兴，就向他她介绍了一些既有一点辣但又相对没那么容易上火的粤菜。这位女士虽然没有吃成四川火锅，但还是吃了一餐令她满意的地道的粤式菜点。

➤ 顾客发现饭菜中有异物

在餐饮服务中，有时的确会有这种问题发生。比如，菜肴中会有草根，米饭中有黑点等。有时菜肴中甚至还有如碎瓷片、碎玻璃、毛发、铁钉等物品。

在遇到此类情况时，服务员应首先向顾客表示歉意，然后将顾客已经上桌的饭菜，不论其价格高低，都立即撤下来，仔细分辨是什么东西。

经过分辨，认定是异物时，要立即为顾客重新做一份新的饭菜，或者是征求顾客的意见换一款与之相近的菜肴。同时，再次向顾客表示诚恳的歉意。

作为餐饮店，要对异物产生的原因进行分析，是菜肴清洗方面的原因，还是不安全操作的原因，或者是厨房卫生方面的原因，以便今后更加注意防范。

出现异物的原因不同，顾客的反感程度也不一样，像草根之类的异物，顾客一般较容易理解，而如果是人为的卫生上的问题，顾客可能会非常反感。

根据顾客反感程度的不同，餐饮店方面要做出相应的表示，通常换菜是最为简单的补偿，有的时候还要免收部分餐费，餐饮店管理人员还要亲自向顾客赔礼道歉，以示重视。

餐饮店出售的饭菜中出现的异物，无论是何种东西，都要引起有关方面的高度重视，因为这关系到餐饮店的信誉与声誉，要认真吸取教训。

【案例】

张先生是某电子公司销售部经理，过节了，他请同事们来到了湘菜馆聚餐。大家见经理如此盛情，就分别点了自己喜欢的菜肴，有“嫦娥奔月”、“滑菇笋片”、“蚂蚁上树”等。

不一会，凉菜纷纷上桌了，“这是您点的‘蚂蚁上树’。”“等会儿，服务员！”董先生笑着说，“你说这叫‘蚂蚁上树’，是吗？”“对呀，这是我们餐饮店的特色菜，是用土豆丝做的，很爽口的。”服务员微笑着说。

张先生指着菜说：“我看这是头发上树吧，这美味可口的土豆丝上面怎么镶嵌着一根头发丝呀？”大家顺着张经理的手指看过去，在金黄色的土豆丝中果然夹杂着一根黑色的头发。“先生，非常抱歉！我马上给您换菜！”服务员尴尬地说。“我想一定是蚂蚁不听话，咬住头发丝跑到土豆丝上去了吧！”张经理说完，顾客们哄堂大笑，这让服务员感觉更尴尬了。她赶紧把菜撤掉又让厨房重新做了一份。

➤ 顾客反映菜肴口味不对

顾客反映菜肴的口味不对，是有许多方面原因的，有时是菜肴口味过咸或是过淡，有时是菜肴原料的质量有问题，有时也可能是菜肴的烹调方法与顾客认为的不一致。

(1) 如果是由于咸淡味不合适而造成顾客的不满，服务员应将菜肴从餐台撤下，送回厨房重新制作，淡了可再加些调料进行补救，咸了则重新制作一份，服务员要向顾客表示歉意。

(2) 如果是由于烹调方法造成顾客的不满，服务员也应该向顾客表示歉意，然后婉转而礼貌地向顾客介绍一下本餐饮店此种菜肴的制作方法，求得顾客的理解。

(3) 如果是原材料的质量出了问题，服务员要立即撤下菜肴，向顾客道歉，请顾客重新订一款与此口味相近的菜肴，立即制作，上桌后请顾客再次品尝。

➤ 顾客提出问题服务员答不上来

顾客在餐饮店用餐时，有时会问服务员一些问题，比如本餐饮店食品的品种，或是当地有哪些风景名胜，或者是某公共场所的地址等一系列问题。

对顾客提出的合乎要求的问题，服务员一时答不出来的，应求助他人，给顾客一个答案。

有时顾客也会问一些关于菜肴的做法，或是原料的品种等问题，服务员如果知道，就直接告诉顾客，若是不太清楚，就要表示歉意，然后表示尽量为其打听一下。

【案例】

某家餐饮店，一位顾客问服务员："'葱烧海参'"这道菜中使用的海参是什么品种？"这位服务员回答不上来，就说："实在对不起，我不太清楚，让我去问问厨师后再告诉您。"顾客对该服务员表示满意，因为他感到了服务员对他表现的应有的尊重与热情。

诸如此类的问题，在餐饮店服务中会经常遇到，因此服务员在平时就要细心地去了解、观察、询问，通过这些方法和途径来掌握各种各样的丰富知识。

➤ 顾客因菜肴长时间不上而要求减账

顾客点了菜，却迟迟不见上菜，而服务员也没有注意到这种情况，没有及时地与厨房联系，这是餐饮店方面的失误。

发生这种情况时，顾客要求退菜、减账，这也是完全正当、合理的，因为是餐饮店方面延误了他太多的时间，服务员也没有及时联系，所以，服务员对于顾客的要求应该给予满足。

当然，在具体处理这种情况时，服务员也可以与顾客商量一下，是否可以马上制作这道菜，为其上菜，但是决定权在顾客的这一方，服务员不能强求。如果顾客仍然不同意，执意要求退菜、减账，服务员应照办，并且因为自己工作的疏忽而怠慢了顾客，要向顾客道歉，取得顾客的谅解与理解。服务员还应检查一下自己为何失职，注意在以后的服务过程中跟菜要及时。

【案例】

八月十五中秋节是家人团聚的日子，在海外学习多年的张先生赶了回来。全家人都很高兴，张太太说："趁着这个好日子，今天晚上我们全家人出去吃顿饭，好好地聚一聚吧！"由于没有提前预订，张先生一家找了好几家店才找到空位。

点完菜后，服务员端上了茶水和凉菜，但等候良久仍不见其他的菜上桌。张先生忍不住去催问，服务员告诉他，由于今天餐饮店新开张，顾客很多，实在太忙，请他再等一下，马上上菜。张先生一家又等了近半个小时，仍不见上菜。本来是想好好地庆祝一番，但菜却迟迟上不来，张先生非常生气："走，咱们不在这儿吃了！"

张先生带着全家人准备离开，快走出大厅的时候，服务员追出来，说道："先生！您还没有买单呢！"张先生没好气地说："我们根本就没吃上饭，买什么单？"

"先生，实在对不起！今天的确太忙了，把您那一桌给疏忽了。要不然您再稍等一会，我让厨房马上给您做。"

"什么？还等！再等就该吃晚饭了！我们可不想等了！"

"那请您先把账结了吧！"服务员着急地说。

张太太在一旁说："我们不是不想结账，可你们只给我们上了凉菜，让我们怎么吃呀！"尽管如此，张先生还是和服务员一同回到餐饮店，把账结了。临走时他对服务员说："这样的餐饮店我再也不想来了！"

顾客反映菜单价格不对

顾客在结账时，认为结算的价钱有出入的情况也时有发生，服务员要针对不同原因来采取解决方法。

(1) 服务员在顾客点菜时，对有些菜肴的价格解释得不够清楚。比如，某些海鲜类的价格，大多是时价，或者是每500克的价格，但顾客误以为是该菜肴的准确价格了，服务员又没有过多地解释，以至于造成了误会。服务员应该拿来菜单，再次向顾客作认真的解释，以求得顾客的谅解。

(2) 顾客在点菜时不看菜单，餐后结账时又认为与自己认为的价格有出入，此时要求看账单核对。

(3) 在上菜时，由于工作忙，该上的菜肴漏掉了没上，顾客当时没讲，结账时才提出来价格不对。账单的差错完全是值台服务员的责任，值台服务员应该拿回账单，减去没上的菜价，向顾客道歉后再结账。改账要由领导签字后，方能生效。

(4) 服务虽在顾客结账前没有认真地核对顾客的账单，而收款员在开账单对出现了差错失误。服务员要立即收回账单，重新核对各项内容，确实是收款员弄错了，多收了，要向顾客道歉，并讲明出错的原因，求得顾客的谅解后再结账。

（5）顾客自己的计算出现了失误，尽管是顾客自己计算错误所致，服务员也不应该在态度上有任何不耐烦的表示，此时应该耐心地向顾客解释，如果有必要，还可以拿来账单和顾客一起核对，不要流露出任何不满的情绪。

（6）餐饮店的个别服务员，由于其经营思想不正，有意在顾客的账上多加了一些菜品或饮料的费用。对待这种情况的处理，餐饮店经营者应慎重。首先应让值台的服务员向顾客道歉，减去多收的款项，还应该恰当地向顾客做一些解释工作，也应该让餐饮店的领导出面，对顾客表示歉意，以示对该事件的重视。事后，对待有意多收款的服务员，还要进行严肃处理，区别不同情况，给予适当的惩罚，以起到警示的作用。

上述的几种出现错账的情况，在解决时都要慎重，服务员应当注意一下自己的态度和用词，不要把小事化大，引起冲突。在适当的时候，餐饮店的主管、领导也应出现协调解决问题。

另外需要注意的是，涂改账单必须由领导认可、签字，任何隐匿不报、自行解决的办法都是错误的。

细节38　突发事件，沉着应对

➤ 烫伤

（1）将被烫的部位用流动的自来水冲洗或是直接浸泡在水中，以使皮肤表面的温度可以迅速降下来。

（2）在被烫伤的部位充分浸湿后，再小心地将烫伤表面的衣物去除，必要时可以利用剪刀剪开，如果衣物已经和皮肤发生沾黏的现象，可以让衣物暂时保留，此外，还必须注意不可将伤部的水泡弄破。

（3）继续将烫伤的部位浸泡在冷水中，以减轻伤者的疼痛感。但不能泡得太久，应及时去医院，以免延误了治疗的时机。

（4）用干净的布类将伤口覆盖起来，切记千万不可自行涂抹任何药品，以免引起伤口感染和影响医疗人员的判断与处理。

(5) 尽快送医院治疗。如果伤势过重，最好要送到设有整形外科或烧烫伤病科的医院。

➤ 烧伤

(1) 如果顾客身上着火，应该告知顾客用双手尽量掩盖脸部，并让其立即倒地翻滚让火熄灭，或者立刻拿桌布等大型布料将伤者包住翻滚将火熄灭。

(2) 等到火熄灭后，再按烫伤的急救步骤来处理。

➤ 腐蚀性化学制剂伤害

(1) 无论是哪种化学制剂，都应该以大量的清水加以冲洗，而且清洗的时间至少要维持 30 分钟，才可以冲淡化学制剂的浓度，尤其当眼睛已受到伤害时，更要立即睁开眼睛用大量清水来冲洗。

(2) 立刻送医院治疗。

➤ 电伤

(1) 先切断电源或是用绝缘体将电线等物移开，接着应立即检查伤者是否有呼吸和心跳，如果呼吸与心跳停止，应该立即进行人工呼吸救助。

(2) 若是电伤的伤害程度较深，应该直接送往医院急救。

➤ 顾客突然病倒

顾客在餐饮店用餐，任何意外都有可能发生，突然病倒就是其中一项。遇到就餐顾客突然病倒时，服务员应按照以下方法去解决：

(1) 保持镇静。对于突然发病的顾客，服务员要保持镇静，首先要打电话通知急救部门，再通知餐饮店的有关部门，采取一些可能的抢救措施。

(2) 如果顾客昏厥或是摔倒，不要随意搬动顾客。如果觉得顾客躺在那儿不雅观，可以用屏风把病者围起来。服务员还要认真观察病人的病情，帮助顾客解开领扣，打开领带，等待急救医生的到来，并按医生的吩咐，做一些力所能及的事情，协助医生的工作。

(3) 对于有些顾客在进餐过程中，或是进餐后尚未离开餐饮店时，就突然出现肠胃不适等病症的人，服务员也要尽量帮助顾客。这种时候，服务员可以帮助顾客叫急救车，或是帮助顾客去洗手间，或是清扫呕吐物等。

(4) 与此同时，服务员不要急于清理餐桌，要保留顾客食用过的食品，留待检查化验，以便分清责任。

(5) 当顾客突然病倒，服务员不要当着顾客的面，随便判定，随便下结论，也不要自作主张地给顾客使用药物。

➤ 顾客在餐饮店跌倒

顾客在餐饮店跌倒，服务员应主动上前扶起，安置顾客暂时休息，细心询问顾客有无摔伤，严重的马上与医院联系，采取措施，事后检查原因，引以为鉴，并及时汇报，做好登记，以备查询。

➤ 顾客出言不逊

个别的顾客由于各种各样的原因，对服务员出言不逊，甚至出口伤人，这种事情也时有发生。

情况不同，对待和处理的方式也不一样。如果是顾客自身的素质低，不懂得在公共场合保持应有的言行举止，服务员可以冷静地对待，一般不要计较，如果实在太过分，服务员可以冷静地指出，让顾客收敛其言行，有必要的话，还可以报告上级领导和有关部门，出面协助处理。

如果顾客是出于受到怠慢而出言不逊，作为服务员或餐饮店方面，应该立即弥补自己服务上的失误，不要去计较顾客在言语上的过激与无礼。

总之，遇到出言不逊的顾客，服务员首先仍应以礼相待，晓之以理，若情况并无好转，也不能以粗对粗，而应及时通知有关部门协助处理，用文明的方式方法解决纠纷。

➤ 顾客丢失财物

为了防止顾客丢失财物现象的发生，当顾客来餐饮店就餐时，服务员就应当热心地、适度地提醒顾客，注意他们的财物。

在顾客的整个就餐过程中，服务员应经常提醒顾客注意保管好自己的财物。

顾客丢失了财物，服务员应表现出同情与关心，尽量帮助顾客查找，一定要让顾客感到服务员是在诚心实意地帮他。

如果顾客在餐饮店里丢失了财物，一时没有找到，服务员应问清顾客当时用餐的具体位置、餐桌的台号、物品的件数和特征等情况，并且当着顾客的面登记备查，或是通知有关部门帮助协查寻找。

经过寻找，一时仍无着落的，可以请顾客留下联系地址和电话号码等，以便一有信息可以及时通报。

有的顾客因丢失物品，难免会对餐饮店的环境或是服务员产生怀疑，有时甚至当场说些“过头话”，作为服务员应从同情和理解的角度出发，坦诚相待，不急不恼，认真查找，以自己的实际行动来替顾客排忧解难，这样，便会化解顾客的愤怒，有助于事情的解决。

➤ 顾客打架闹事

如果打架闹事者根本不听劝告，继续斗殴，情况比较严重的，餐饮店经营者应马上报告公安局，请警察采取适当措施，以维持餐饮店的秩序。

(1) 服务员在劝阻顾客打架闹事时，要注意方法，态度上要尊敬对方，言语上用词恰当，自己不要介入到纠纷中去，不要去评判谁是谁非。

(2) 一般来说，打架闹事的人多是出于一时的冲动，逞一时之勇，即使是故意、有目的的打架斗殴，只要服务员能及时、恰当地劝阻，一般都会解决。

(3) 制止打架斗殴，不但是为餐饮店的安全和名誉着想，也是为打架的双方着想。如果闹事者是冲着捣乱餐饮店而来的，服务员更应该保持冷静，而不要中了圈套。

(4) 若是事态严重的，服务员要立即拨打“110”，并注意保护现场以便审案时作证。

【案例】

星期天，小王跟好友打电话，本想约好友去一家之前常去的餐饮店见面的，刚讲出那家餐饮店的名字，就听好友立刻神经质地说：“不要去！那家餐饮店很邪的，以后不会去了。”小王心想：奇怪了，原来你一直觉得那家餐饮店很好的呀，又干净、服务员也好、菜也不错，今天怎么就变了呢？于是小王就问她：“原来你不是很喜欢去那里的吗？怎么……”好友压低声音说：“你还不知道吧？那家餐饮店里刚死过人呀！”

“啊？！”小王的脑子飞快地闪过电影里杀人的镜头：暗杀？黑社会？追

捕逃犯？朋友见小王没吭声，接下去说："一个月前，餐饮店里来了两位中年男顾客，一边喝酒一边谈话。不知怎的，两人就吵起来了，差点还要动手，被餐饮店的保安和楼面经理给拉开了。但谁知其中一人突然面色发青，双手捂胸就倒下去了。开始大家还以为他被对方弄伤，后来发现情形不对，才赶快拨打120。等急救车赶到时，医生说他已经死了，是心脏受了刺激，突发急病而死的。那个跟他吵架的人也被带走了。人死在餐饮店里，人人都很惊慌，吃饭的人也都赶紧结账走了，剩下一堆吓得不知所措的服务员。"好友一口气讲到这里，停了停，又接着讲下去："餐饮店死了人的事马上就被传开了。谁还敢去呀？反正到处都有餐饮店。所以那家餐饮店几天前就关门停业了。"

➤ 突然停电

开餐期间如遇到突然停电，服务人员要保持镇静，首先要设法稳定住顾客的情绪，请顾客不必惊慌，然后立即开启应急灯，或者为顾客餐桌点燃备用蜡烛，并说服顾客不要离开自己座位，继续进餐。

然后，马上与有关部门取得联系，搞清楚断电的原因，如果是餐饮店供电设备出现了问题，就要立即要求派人检查、修理，在尽可能短的时间内恢复供电。如果是地区停电，或是其他一时不能解决的问题，应采取相应的对策。对在餐饮店用餐的顾客要继续提供服务，向顾客表示歉意，并暂不接待新来的顾客。

在平时，餐饮店里的备用蜡烛应该放在固定的位置，以便取用方便。如备有应急灯，应该在平时定期检查插头、开关、灯泡是否能正常工作。

【案例】

傍晚，某餐饮店正在举办寿宴。天逐渐地暗了下来，寿宴正进行得热烈而隆重。

突然，餐饮店漆黑一片，停电了。短暂的沉寂之后，迎来了此起彼伏的喊声："服务员，怎么停电了？……服务员，赶紧去看看！……服务员，什么时候来电？"……

领班小王反应迅速，来到库房抓了两包红蜡烛，跑回餐饮店，立刻安排12

名服务员站成两排，点燃蜡烛，整齐地排好队。同时他手持扩音器，说道："尊敬的顾客，幸福的寿星！今晚，我们酒楼特别策划送上别致、独到的烛光晚宴，祝寿星及来宾在此吃得开心！"霎时间，掌声雷动，整个餐饮店充满了温馨浪漫的气氛。顾客们都非常高兴，赞不绝口。

服务员逐个把蜡烛放到烛台上，然后送到大厅的各个区域。宴会继续进行，气氛依然热烈。

细节管理五

餐饮店菜品管理

细节39 真材实料，菜品出色

➤ 聘请好的厨师

餐饮店经营者首先要在聘请厨师上下工夫，想点子。所聘请的厨师要会做特色菜，有两三手做特色菜的绝技，而且必须有开拓性，要敢于创新、善于创新，肯于创新和不断创新，要具备在工作上的奉献精神。那些虽也有几手绝技，但墨守成规、几道菜式做到老的保守型人物绝对不是你的所选。当然，好的厨师要价可能也高，但如果他的厨艺能给餐饮店创造利润，那就值。

➤ 原料

俗语讲，巧妇难为无米之炊，如果没有好的原料，再好的厨师也只能一筹莫展。

➤ 调料跟酱汁

调料跟酱汁，对于营造特色出品也是不可或缺的。同是猪肠，为什么可以做出炸猪肠、卤水猪肠、红烧猪肠、怪味大肠等多种多样的菜式？除了炮制的方法不一样外，调料不同是一个极其重要的原因。俗语也说："味道味道，全看佐料"。

➤ 员工创意

作为中小餐饮店的经营者，不能把生产特色菜品的任务交给厨师就万事大吉，更要自己动心思，激发餐饮店所有人员的创新精神，并引领、启发他们开拓思路，让出品人员不断开发新品种，创制新口味，丰富新菜单。

➤ 讲究每市数量控制

特色出品还要讲究每市数量的控制。"物以稀为贵"，人的逆反心理就是这样，你越是要控制数量，他就越觉得珍贵，越觉得这是高档次的东西，便越要千方百计地追求。所以，餐饮店经营者在创造菜品特色时也可运用一下此招。当然，所推菜品也一定要“货真价实”才行！

【案例】

有一家餐饮店，刚开张时请了一个师傅做一种特色鱼，价钱不菲，要35元一条，但由于味道十分可口而且特别，一传十，十传百，还是很多人趋之若鹜。餐饮店便制定了一个限定每天供应数量的策略，声言每天只供应一百条。并对来迟了吃不上的顾客说明这样做是为了保证质量，因为活鱼来源和烹调人手都受到一定的限制，做多了必然会带来质量问题。如此，传递了餐饮店有极高的可信度的信息。这样一推行，不但吊了没吃上的顾客的胃口，促使他下一次来的时候把时间提早；而且使尝过的顾客在带朋友亲戚来共享的时候也担心扑空而提早了时间（有利于餐桌的周转）。每天傍晚六点钟左右，餐饮店门前就停满了车，在街上，透过落地玻璃窗可以清清楚楚地看到里面已经是座无虚席了，宣传效应极其明显。

细节40　菜品味道，力求创新

通常而言，影响菜品的味道的因素不外乎以下几种：

➤ 原料进货质量

作为餐饮店经营者，要想自己菜品的味道可口，首先就要把好原材料进货的质量关，采购时最好是货比三家，不但要比价钱、比产地、比品种，而且还要比货品的质量，质量比价格还显得重要，因为它直接关系到出品的质量。出品质量不好，那可是砸招牌的大事。原材料质量不好，再好的厨师也难“化腐朽为神奇”，再便宜的价格也难获有一定消费能力的顾客的青睐。

➤ 聘请好厨师

严把关，还要在聘请厨师和使用厨师上体现出来。好的厨师，一定有自己的拿手本领，起码能烹制多款式受食客欢迎的菜式；而且他还能不断地钻研，开拓新菜式，调试新味道，以满足餐饮市场的不断追新追奇的需求。好的厨师，还必须会调制改进调料。

➤ 统一标准

制定本餐饮店的统一的味道标准。每一道菜都应该有一个味道的标准，这个标准是由一定的原材料配方和刀工、火候的运用组成的。所有厨师都应该严格遵守这一标准，不能只凭自己的习惯手势，不能只凭经验。标准一旦定下来就不要随便改变，要保持一定的稳定性。当然，随着市场需要的变化，味道的改进也应该与时俱进；但是，这种改进应该在对市场作充分调查的基础上和对原材料的把握上进行。

➤ 顾客反馈

其实，顾客就是最好的把关者，因为他们的餐饮消费点大多不是固定的。同一款菜式，他们会在不同的餐饮店品尝过。一比较，烹饪技术的高低、味道的优劣便在舌头的感觉中一一呈现出来。

细节41 盛器选择，要有特性

好的菜品也一定要有好的包装，菜品的包装当然指的就是菜品的盛器。中小餐饮店虽然不必像高档次的大酒店那样讲究盛器的精致，但是绝不能马虎随便。怎样去选用一个能表达出菜点的色、香、味、形、意的盛器，则要根据一些美学的原理与盛器本身的特性来决定。选用盛器必须遵循以下原则：

➤ 美观大方，新颖别致

在选择盛器造型时，一定要考虑菜点的种类以及宴席的主题。如在大年三十的团年筵席上，将清蒸斑鱼盛放在造型为鱼的象形碟里，就使鱼这道菜的主题更加鲜明，使年年有余的象征意义更加明朗，使食客吃得更加开心。造型还可以别出心裁，给顾客以新颖和新奇的感觉。

➤ 风格应与餐饮店经营风格一致

选择色泽、款式、造型与餐饮店的经营风格一致的盛器。餐饮店整体追求的是一种怎样的风格和看你投资的成本预算。如果经营风格是带有乡土气息的，就不宜用细瓷餐具，不妨试试粗瓷大碗。如果你的经营风格是带有强烈的民族色彩的，你最好就寻找与这种民族色彩相配的盛器。

➤ 材质选择需考虑顾客兴趣

选择盛器的材质，应考虑顾客的兴趣爱好，甚至他们的年龄、身份和地位等。如顾客喜欢讲排场而又舍得消费且有一定消费能力的，可以选用金器银器，以迎合他们喜欢显示其富有和气派的需要。如顾客具有一定的文化水平且兴趣高雅的，则可选用精致的瓷器或玉器、紫砂漆器，以适应他们的精神需要。若是在情人节，就可选用光芒闪烁的玻璃器皿，为情侣们增添爱的热烈和浪漫。

➤ 做好盛器的维护工作

选择了好的盛器，很重要的就是维护。对洗碗工、服务员，对厨房部要有严格的管理，要建立起完善的奖惩制度，尽量减少清洁过程、收拾过程、烹饪过程中造成的人为的破损。一有破损，就要毫不吝惜地舍弃。在购置盛器的时候，要适当多购置一点，以作不时补充之用，免致无以补充而另购不同盛器呈现出杂七杂八的现象。

细节42　菜品色泽，要有卖相

在小餐饮店中，常常被忽略，尤其是只有三四十个餐位的小餐饮店，常常会对此不以为然，认为只要味道好，价格便宜，就已经足够了。

➤ 让菜品留下良好第一印象

任何商品都讲究卖相，菜肴一上桌，给食客以第一印象的就是卖相、气味以及分量。菜肴给食客的第一印象也十分重要。餐饮店菜肴的卖相除了讲究盛器的衬托和菜品的造型外，很重要一个内容就是菜肴的色泽。

➤ 盛器颜色衬托

盛器颜色的恰当选择，也能衬托起菜品的色泽。比如，咖喱椰汁鸡肉这道菜，其主颜色是黄色，比较单调，如果铺在白色的或者黄色的盛器上，就会显得更加单调，即使在上面铺上一些绿色的、红色的椒丝，也只能是略有改观。但这些椒丝是不能多铺的。这时，就可以选择绿色的盛器，如此，色调便和谐了，就像绿色的叶子上开着金黄的花，能很好地刺激的顾客食欲是有很大帮助的。

细节43 菜品搭配，均匀有度

➤ 色彩搭配协调

从感觉上说，菜肴是首先通过形象和气味打动人的，多种色彩的组合，方能为“琳琅满目”，方能配合扑鼻的浓香，挑起人们强烈的食欲。色彩给人的感觉是很强烈的。

➤ 味道搭配均匀

一道菜肴，味道是带个性的，但是，一桌菜肴，应该是各有个性，不应有相同的个性。如果一桌菜都是一种味道有什么意思？比如，到海鲜城吃海鲜，鱼、虾、贝、蟹、鳝等各选一种就可以，另外再加上一些肉类和禽类。佐料可供给多种选择，如鲜味、甜味、辣味、酸味等等，丰富餐桌的内容和味型。

➤ 形状搭配顺眼

整、半、片、块、条、丝、粒、丁、丸、茸尽量不要重复。正因为各种形状都存在，很自然地便给人以数量感和生动感。

➤ 荤素搭配有度

荤菜吃多了一定会腻，所以必须伴之以素，从而减弱一点腻感。荤素搭配也意味着可以荤菜素做，素菜荤做。

➤ 中西搭配调和

可以中式菜肴为主，西式菜肴作点缀；如果是吃西餐，也可以西式菜肴为主，以中式菜点缀。

此外，注意菜肴与面点的搭配；注意烹调技法的搭配，一桌菜肴中不应有以重复技法做成的菜，力求在变化中创新。

【案例】

张总几乎凡有顾客来，总是请到与自己公司相邻的餐饮店。这间餐饮店门脸不大，也没有豪华装饰，表面看起来很一般，菜系是自己的一套特别的菜单。别看这儿不起眼，每餐都是火得出奇，晚餐要是不预订可能还没座。

这天，张总带了几个陌生顾客来到餐饮店，一进门，一位女领班微笑地迎了过来："张总，您挺忙，三天没来了。"

张总边坐边笑着回答："这不来了吗？还给你们带来几位贵客，他们都是餐饮行业的老前辈、美食家，把你最好的菜拿出来，别让我丢了脸。"

印制精良，带彩色照片的大本菜谱送上来了，张总让顾客每人点一个菜，大家都说第一次来点不好，推张总点菜。张总看着笑眯眯等在旁边的领班小王说："老规矩，你给我安排吧!"

小王一边答应着一边又叫服务员拿来了几本菜谱，流利地介绍了几道小零盘之后，看着张总说："第一道热菜，凤还巢，这是张总最爱吃的，也是我们餐饮店的看家菜，大家尝尝。"

张总点点头说："这道菜确实不错，别处还真没有卖的。"

小王接着又向张总说："今天我要向您推荐一道新菜，独占鳌头。这是厨师长特别介绍的。大家帮助把把关，不好吃不收钱，怎么样？"

张总立即说："行！行！我每次都听你的，你总不会让我失望的！""谢谢！"小王边写着菜名边向顾客解释，这道菜什么原料，怎样烹调，有什么特别的味道，为什么叫这个名字。

只见他嘴不停，手也没停，看来今天的菜单已经排下来了。小王客气地问顾客们："有什么忌口的没有，张总可爱吃辣的。"看到顾客们摇头，她又接着说："我听您几位说话是江浙一带口音，安排的多半是酸甜、白汁、不辣、味轻的。"顾客们笑了。

看反应不错，聪明的小王从头到尾又把这桌菜——四冷、一汤、五热菜一一道出，问过主食点心之后，小王连连道谢，此时另一个服务员又问过酒水，冷盘已经上桌了。倒酒之后，张总和顾客们热热闹闹地吃开了。

细节44 菜品制作，保质保量

对于餐饮店而言，控制好菜品的质与量是维护其口碑的关键。餐饮店经营者如何才能做好菜品质与量的管理呢？可通过以下两个方面着手。

➤ 不要用变质原材料

利用变质的原料不仅会影响食品卫生，而且也是违法的，因为变质食品顾客吃了不出事可能会蒙混过关，但是如果万一出事了呢？吃拉肚了或吃出其他毛病时，轻则赔医药费惹麻烦，重则被告到执法部门，不但要赔医药费，还可能要被重罚。如果被责令停业整顿，那么，上述损失就会比丢掉那些变质原料所造成的损失大得多。

➤ 控制好菜品分量

有些中小型餐饮店依仗着自己的招牌菜做得好，受顾客欢迎，就片面地认为可以在分量上适当减少，或把价格提高（价格提高客观上也就反衬出分量的少），从而犯了欺客的毛病。

细节管理六

餐饮店营销管理

细节45 菜单设计，鲜活透明

菜单开展菜品营销活动的桥梁和纽带，是完成菜品销售、实现餐饮店市场目标的重要载体和工具。餐饮店应该关注菜单的细节设计和管理。

➤ 菜单整理维护

【案例】

王先生到某特色餐饮店宴请朋友，餐厅的硬件设备和软件服务都满足王先生的宴请要求。但这一切良好的印象就在服务人员递上菜单后就开始淡化了，王先生发现菜单上有油污，更令他尴尬的是朋友也提出了同样的问题。服务员在提供备份菜单时发现，因为正处于用餐高峰，没有完好的备份菜单可用，于是只能提供一份较为整洁但有破损的菜单供王先生使用。

(1) 餐饮店在给顾客提供菜单时，应该预先检查菜单是否清洁完整，有义务更有责任向顾客提供整齐清洁的菜单。

(2) 顾客点菜回收菜单后，服务员应及时检查菜单是否清洁并做好维护更新工作，发现污迹和卷角破损等应及时清除，适时进行维护，避免因菜单的油污和破损影响顾客的就餐心情和餐饮店的品牌形象。

(3) 餐饮店应该设置好备份菜单，应对某些突发的意外情况。

➤ 菜单适时更新

菜单设计应该以顾客的需求为中心，突出餐饮店的经营特色和供给能力，以便达到吸引顾客、方便消费、树立餐饮店信誉形象和有利于菜品营销的目的。

适时对菜单进行更新调整，真正使菜单反映现实的供求状况，同时反映厨师的技术力量和技术水平、原材料保证程度、库房储备供应条件等。

菜单上的菜品应保证菜品供应、菜品的缺菜率不能高于2%。及时在菜单上标明原因。避免因原材料短缺而出现顾客点菜但无法上菜的尴尬局面，以致给顾客造成心理失落而损害餐饮店的信誉形象。餐饮店可以准备冬夏两季菜单。

➤ 让菜单更鲜活、透明

菜单是顾客了解菜品的窗口，也是影响顾客对餐饮店餐食供应心理预期的重要因素，因此如何使菜单更好体现餐饮店特色，如何将菜品更好地推向顾客，菜单的形象性和透明性很重要。

（1）在菜单设计时可对菜品进行适当的文字说明，以突出菜品的特色，优美文雅的语言能在心理上迎合顾客的需求，勾起顾客的食欲，从心理上使顾客接受餐饮菜品。

（2）对特色招牌菜和利润高的菜品可以配以形象直观的图案，便于顾客选择。但应注意菜品实物和图片的相似度问题，图片应避免过分地修饰而造成顾客的心理反差。

（3）菜单设计时可以将菜品的原料用量和产地标明。若能在菜品旁附上简短文字说明菜品原材料产地和数量，一方面能加深顾客印象，对餐饮店产生更多的信任感；另一方面可以践行低碳餐饮的理念，便于顾客依据自身情况选择适当的菜品数量，避免造成菜品的浪费。

相关链接

常见的菜单定价法

餐饮业虽然每日有庞大的现金收入，但大小餐厅到处林立，不能和高科技产品一样申请专利抬高售价，其利润占销售金额的一至四成。

目前最广受欢迎的两种定价方法为成本倍数法和利润定价法，现说明如下：

1.成本倍数法

成本倍数法，即在决定菜单售价时，首先会考虑到餐饮成本，而此成本实际上是由食材、工资及经常费用等三项构成的。因此，最常见的餐饮定价法自然是所谓的成本倍数法，其计算步骤如下：

某道菜材料成本为20元

某道菜工资为5元

主要成本额为20＋5＝25元

设定主要成本率为60%

求主要成本率的倍数：100% ÷ 60% = 1.66（倍）

主要成本额×倍数=售价 25 × 1.66 = 41.5（元）

此方法的优点是简单易算，清楚易懂，但是餐饮的经营，除了主要成本（材料及人事费用）外，还会有其他的开销及变量，而影响最后的利润所得，因此并非最理想的方式。

2.利润定价法

此法较有科学根据，以利润的需求和食物成本合并来计算，如下例：

假设年度预算如下：

预估食物销售量 = 30000

操作费用（不含食物成本）= 18900元

预期利润为：1500元

步骤一：预估食物成本：30000 －（18900 ＋ 1500）= 9600（元）

步骤二：计算出定价的倍数：30000 ÷ 9600 = 3.13（倍）

步骤三：计算出每道菜的售价：

如牛排的成本为8元，售价 = 食物食材成本 ×倍数，则牛排的售价为：8元 × 3.13 = 25元

该方法的重点是将利润估算成所花费成本的一部分，以确保利润、提高效率。

细节46　利用广告，做好营销

➤ 营业场所外观

顾客被招牌吸引走到店前以后，如果仍在犹豫是否要进去，经营者这时应该检查店外设计，弄清顾客犹豫的原因。

(1) 应检视橱窗是否干净清爽，至于是否要标出餐厅的招牌商品及价格，由餐饮经理自行决定。

有时装潢豪华的餐饮店会让消费者误认为价格昂贵而打退堂鼓，这时若标明价目，可以消除顾客的恐惧感，使之安心地踏进店，享受美食。

（2）要考虑客座的分配。

一般非固定顾客不太愿意进入顾客稀少的餐饮店，因此应当尽量带领顾客坐在窗边的座位。窗边座位的布置须讲究别致，比如可巧妙地放置树木盆景，使之具有舒适感。当然，最重要的是要有技巧地把顾客带到靠窗的位子。另外，餐饮店外观应讲求各种吸引顾客的方法，例如挂霓虹灯招牌、店外播放轻音乐等，都是有效的方法。

➤ POP广告

可以自行制作POP广告（店面广告）。POP广告包括市招（店面招牌）、样品橱窗等户外POP，及放在桌上、贴在墙上的菜单等户内POP。户外POP较无法自己制作，而户内POP却可发挥创意，自行制作。

1.POP广告功能

POP广告具有六种功能，具体如下表所示。

POP 广告功能

序号	功能	例示
1	创造形象	例如，具有爵士、摇滚音乐风味的餐厅，可采用唱片封套；日本风味的餐饮店使用金花纸本纸，刻意强调该店的形象
2	推销店中的商品	供应什么商品、有什么独特的商品都要让顾客一目了然。有些餐饮店连桌上或墙上的菜单都没有，直等到顾客要求看菜单时，服务员才慢吞吞地拿出来。这样的经营是无法与同业竞争的
3	推销新发售的商品	酷热的夏季，推出清凉可口的新产品时，若能配合 POP，用赏心悦目的图案推荐新产品，必定能使顾客产生兴趣。如果把新产品与普通的商品混在一起宣传，则不会有什么效果
4	广告价格与优待服务	当餐饮店推出赠送优惠券，提供杂志、书籍阅读等各种促销花式时，应当多运用 POP 广告
5	促进追加餐饮	一般顾客在坐久了之后，免不了会产生“再来一份”的念头。此时，若看到墙上别致的菜单，当然会即兴再点一份。另外，追加餐饮给予折扣优待，也可以利用 POP 进行宣传。总之，POP 广告最适合促使顾客追加餐饮
6	减少人工	POP 广告以文字配合图片详细说明商品，不需要服务员一一说明，不仅可减少人手，也可方便顾客点菜

2.注意事项

(1) 注意POP广告的数量。POP广告太多,将破坏餐厅的气氛,减弱广告效果。所以务必注意集中焦点，仅选择重要的商品及基本菜单加以展示。

(2) 注意张贴位置。有些餐饮店把POP贴在顾客根本看不到的位置，实在是不智之举。POP若不贴在全店都能看到的位置，就无法发挥POP的广告效力。但千万不可贴在有碍行动的位置，这样反而会引起顾客的厌恶，需特别加以注意。

(3)全体员工参与POP制作。尽量让全体员工参加POP的制作,借制作的机会，员工可以重新发掘出餐饮的特色，并且丰富自己的餐饮知识。

细节47 进行促销，选对时机

➤ 假日，促销黄金时段

节假日，这已经是一个大家公认的促销时机。作为餐饮店，一般在节假日，可能出来就餐的人会更多。因此，餐饮店经或者一定要好好利用各种节假日。全年假日基本是固定的，具体如下图所示。

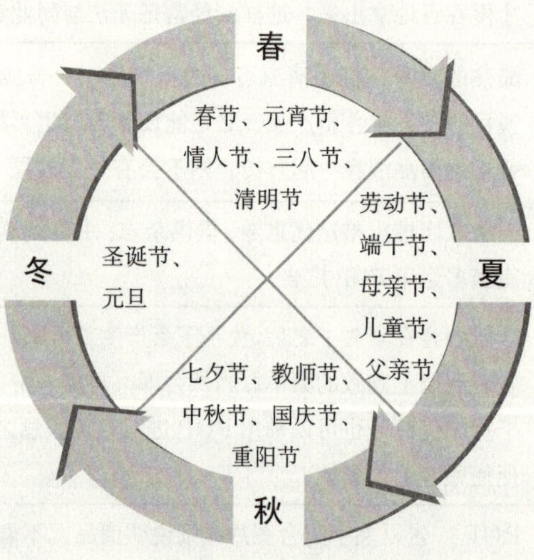

全年假日循环图

➤ 为促销找个理由

在进行促销时，一定要有促销的理由，这样才会让顾客感到不仅是为了促销而促销，促销是有根有据的。

1.答谢主题日/周

可以把一月分成一周一周来计划。比如：这周定位老乡周，下周定为同事周，再下周是朋友周。然后，设法联系不同类型的顾客，告之那一周来用餐，可以获得什么特殊优惠。

2.现场看护婴儿的“安详晚餐”之夜

专设看护婴儿的服务，对于周末带婴儿的年轻夫妇到餐饮店用餐，特别需要这种服务。

3.女士之夜

餐饮店在一些特别的日子与一些妇女组织合作，专门邀请女士来餐饮店用餐，为了营造气氛，在邀请函上可以对着装提出要求。例如可以要求女士着旗袍入场。

4.家庭之夜

家庭聚会为主题的晚餐会，家庭中如有带孩子来的，可以赠送小玩具，也可组织家庭为单位的小比赛。

5.儿童游戏之夜

为吸引顾客带儿童来就餐，特别设立儿童游戏区域，由服务员带孩子做游戏，孩子喜欢这家餐饮店，家长就会经常带孩子来用餐。

6.选择你的主题夜晚

征询顾客的意见，要求顾客选择自己喜爱的主题之夜。当餐饮店组织某种主题之夜的活动时，主动邀请感兴趣的顾客来参加。

➤ 选对促销礼品

在进行促销中，往往可以赠送一些小礼品。但是，小礼品要对顾客的“胃口”，才会达到促销的目的。

1.带回家的甜点心

顾客用餐后，送给顾客带回家的甜点心，包装很精美、漂亮。对餐饮店也是很好的宣传。对于公务繁忙而顾不了家庭、孩子的男士，带回家的漂亮甜点心还有特殊的作用。

2.给小孩的玩具

餐饮店对带小孩子来就餐的顾客准备好给小孩子的小玩具，如肯德基餐厅吸引小孩的常用方法就是不断推出有KFC标记的小玩具，孩子们为了获得小玩具就会吵着要父母带他们到KFC餐厅。

3.免费甜品吧

餐饮店为吸引顾客，特设一个免费的甜品吧，陈列一些精致的小甜品，供顾客免费选用。

4.蛋糕

为生日或其他纪念日提供免费香槟与蛋糕。

5.礼品券

餐饮店为鼓励顾客来餐饮店用餐，设计了一种礼品券，赠送给顾客，一般是再次来餐饮店消费时的优惠券。

6.带来新顾客，得到免费礼品

当然餐饮店对谁是老顾客要有依据，常用的方法是给顾客发优惠卡或会员卡，结账时将卡号输入电脑中的顾客资料栏目，一查就知道老顾客曾经来消费的次数和金额。

7.礼品/纪念品

向顾客送小礼品或小纪念品，但小礼品必须既是顾客喜欢的，又可以宣传自己的餐饮店。

8.随意选择自助甜点

顾客来餐饮店用餐可以免费或付一定费用后可以自由选择自助甜点，在一角放些小水果（例如：小番茄等）让顾客自由选用，效果相当不错。

细节48 实物陈列，经济实惠

实物促销法是借助餐饮店产品实物或图片、模型来刺激顾客购买的一种推销方法。餐饮店经营者通过有意识地设计各种刺激物或刺激方法来影响人的情绪，激起顾客的购买欲望。

➤ 实物模型宣传

在餐饮店门口或顾客经过的地方，陈列餐饮店经营产品和服务实物模型，张贴产品和服务的图片、招贴画、布告牌等，从视觉、听觉、嗅觉等方面对顾客进行感官刺激，以激发消费者的消费欲望。

➤ 原材料陈列

在餐饮店进门处设置海鲜池，既具有很强的观赏性，又可使顾客相信本餐饮店所使用的原材料都是新鲜、卫生的，容易对菜肴质量产生满意感，还因为当着顾客的面称取海鲜，使顾客对分量放心。

➤ 半成品展示

餐饮店可以将一些菜肴原料切配好，经初加工装盘陈列。自助餐饮店就是运用成品陈列促销的典型代表、顾客往往在看过烹调好的、陈列有序的菜点后才作出是否在餐饮店用餐的决定。

➤ 推车陈列促销

推车上的菜不一定是顾客非买不可的。但当顾客看见这些菜品，便有可能冲动性地产生购买动机和行为。如某餐饮店使用推车，陈列一些饮料，推到顾客面前按杯零售。

➤ 现场烹调制作

将菜肴的烹制过程放在餐饮店进行，或将菜肴的最后一个烹制环节放在餐饮店进行，如厨师现场操作煎蛋、铁板烧、锅巴虾仁等，由此让顾客看到形、观到色、闻到香，从而使他们因消费冲动引发消费决策，获得更多销售机会。

➤ 试吃实物

对于一些需特别促销的菜肴如各种名点、名菜，可以采用顾客试吃的方法促销。服务员用餐车将菜点推到顾客的桌边，让顾客先品尝，如喜欢就现买，不合口味的再请他们点其他菜点。

细节49　巧算价格，进行销售

➤ 巧用份数，进行销售

当顾客数量比较多又同坐一桌时，通常点一盘菜可能不够分，特别是大家都偏爱的菜，餐饮服务员则应主动向宾主建议采取“一菜双卖”（即双份）或“一菜三卖”（即三份的量）的方式，取得顾客的认可后，将菜的份数准确记录在点菜单上。

当丰盛的大盘端上桌时，菜香、味足、量大又实惠，定会令顾客满意。这种方式适合于人多又希望同坐一桌方便谈话的顾客，比如，久别重逢的朋友、同学、战友之类的团聚就餐等。

➤ 菜肴价格，分解计算

有的顾客见到高档菜品觉得造型高雅，档次高又体面，但一问价格便犹豫不决，这时餐饮服务员要学会用价格分解法来推销，如“大家共同品尝这道菜，平均每人十几元就能尝到这么有品味的菜，多值得啊”。这时餐饮服务员用的是按人数去分解价格，听起来菜品不再昂贵，顾客也就更容易接受了。

➤ 加权平均法

一般一家三口到餐饮店来就餐，男士喜欢体面，显示自己的能力和实力，往往点价位高的菜；而女士坐在一旁，觉得没有外人来，家里人不应该太浪费。这时餐饮服务员在肯定男士点菜的同时，再介绍一道即美容又价位低的时令蔬菜，便可以解开女士内心的埋怨。点菜时可以说：“两个菜一共才花××钱，平均起来更实惠，在家里自己做，既做不出这个口味，更享受不到这里的环境和氛围。”

➤ 适时采用奖励法

由于餐饮业的经营也有淡、旺季之分，同样，一天正常营业12小时，也有淡、旺时段之别，餐饮服务员可在淡季（时段）来临之际采取消费到一定的额度就给予奖励的办法，即赠送1～4道菜品，令顾客皆大欢喜。这种方法适合于刚开业的餐饮店，或淡季（时段），不仅可以给顾客带来惊喜，也可以给餐饮店积累客源，增加收入。

细节50 根据年龄，推销菜品

➤ 儿童，利于生长发育

现在很多家庭都只有一个孩子，只有满足了孩子，全家才会皆大欢喜。作为餐饮服务员，千万不可忽视为儿童顾客的服务，因为其成功的消费经历可能为餐饮服务员带来更多的潜在顾客。在为儿童设计和推荐菜品时，要注意以下因素：

（1）菜肴色泽要鲜艳，质感鲜嫩易消化，口味清淡无刺激，甜酸适宜。

（2）菜品属营养丰富、易消化的滋补类。

（3）原料的形状要小，便于儿童食用，且刀工精细。

（4）菜肴的烹调方法尽量以使用爆炒、汤爆、软熘、清炖、水煮、清炸、蜜汁、挂霜等方法为宜。

为儿童推荐的菜式，比如“韭黄炒鱼籽”、“绿豆芽炒鲩鱼丝”、“胡萝卜西红柿鸡蛋汤”、“虾仁扒大白菜”、“鱼片菠菜汤”、“黄瓜炒鸡肝”、“萝卜瘦肉汤”、“蔬白炒虾米”、“大骨炖萝卜”，均可助消化、补脑益智、营养丰富，有利于儿童的生长发育。

➤ 青年人，以时尚潮流为主

青年消费者的特征是，身体处于最佳生长时期，身体健壮、精力充沛、追求时尚，喜欢创新的前卫菜式。在为青年消费者设计菜品时，可从以下几个方面进行：

（1）体现西方饮食文化的时尚潮流菜式，备受青年白领的喜爱。

（2）年轻人追求的是吃得“酷”，奇特食材，如昆虫、花类、海水蔬菜、山野菜、绿色环保蔬菜，也备受年轻人的喜爱。

（3）菜品要天天出新，以便满足年轻人求新、求异、求时尚的需求。

适宜为青年人推荐的菜式包括“油炸蚕蛹”、“核桃全蝎”、“野生菌汤”、“川味菜水煮鱼”等。

➤ 中老年人，注重养生

生活节奏的加快，日常营养的丰富，使许多中年人身体器官提前老化，很多中老年人大腹便便。在为这部分顾客设计和推荐菜单时要注意以下事项：

（1）多选一些富含优质蛋白的鱼类，多补钙。

（2）多食新鲜蔬菜和豆制品，减少热能的源头——脂肪、糖类，多推荐低脂的蛋白质的菜品。

（3）菜肴的烹调方法为炖、清蒸、煨制等，这样有利于补充体内缺少的营养素，排出体内多余的垃圾。

适于为中老年人推荐的菜式包括：滋补类菜式，如“鲫鱼炖豆腐”、“肉丝炒时蔬”、“盐水排骨”、“白萝卜炖肉”等；降脂排毒的菜式，“黑木耳炒白菜”、“清炒丝瓜”、“黄花菜炒肉丝”；家常的菜式，“韭菜炒肉丝”、“清炒蕨菜”、“苦菜烧肉片”、“魔芋豆腐”、“香椿炒竹笋”等。

细节51　不同性别，分别推荐

➤ 女士注重养颜美容

爱美女士最担心的是容颜的衰老，尤其是在商界打拼的白领女士。所以，餐饮服务员在为此类顾客推荐菜品时，应多考虑防止脸部皮肤老化、滋润皮肤的食材组成的菜品。比如，“草菇炒笋片”、“红烧皮丝”、“大葱烧蹄筋”、“排骨墨鱼煲”、“银耳鸽蛋汤”等。

另外，餐饮服务员平时自己就应对此类食材多加了解和掌握，以便在点菜时能运用自如。有助于女士皮肤的滋补、除皱，调解血液的酸碱度，防止分泌过多的油脂的食材包括如下几类。

（1）牛奶。牛奶能改善细胞活性，增强皮肤弹性、张力，除去小皱纹，延缓皮肤衰老。

（2）肉皮。肉皮中含有丰富的胶原蛋白，能使细胞变得丰满，增加皮肤弹性，减少皱纹。

（3）海带。海带中含有丰富的矿物质钙、磷、铁及多种维生素，其中维生素 B_1、维生素 B_2 含量丰富，常吃可调解血液中酸碱度，防止皮肤分泌过多的油脂。

（4）西兰花。西兰花富含维生素 A、维生素 C 和胡萝卜素，能保持皮肤的弹性和抗损能力。

（5）三文鱼。三文鱼所含的脂肪酸有一种特殊的生物活性物质。这种物质能消除破坏皮肤胶原的保湿因子，防止皮肤粗糙和皱纹的产生。

（6）胡萝卜。胡萝卜富含胡萝卜素，能维持皮肤细胞的正常功能，保持皮肤润泽和细嫩。

（7）大豆。一般指黄豆，其中富含维生素 E，能破坏自由基的化学活性，可抑制皮肤衰老，防止黑斑的出现。

（8）猕猴桃。猕猴桃富含维生素 C，可干扰黑色素生成，有助于消除皮肤上的雀斑。

（9）西红柿。西红柿含有大量的维生素 C 和茄红素，有助于展平面部的皱纹，令肌肤光亮细嫩。常吃西红柿，能增强肌肤抗晒能力。

（10）蜂蜜。蜂蜜中含有大量氨基酸且易被人体吸收，含有多种维生素和糖，常食蜂蜜能使肌肤滑嫩、红润、有光泽。

➤ 男士注重壮阳补肾

随着经济的不断发展，商业应酬往来的频繁，很多男士多在饮食上注重补肾疗痿、固精防遗、壮阳强身、头脑敏锐，以保自己在生意场上谈吐自如。所以，对于男性顾客，餐饮服务员要根据本店的食材，为顾客推荐壮阳补肾的菜品。比如补肾疗痿的菜式，“杜仲炒腰花”、“枸杞子汁烩排骨”、“韭菜炒羊肝”、“虫草炖黄雀”、“红烧牛鞭”等；壮阳强身的菜肴，“红烧海参”、“麻油腰花”、“红烧羊肉”、“爆炒鳝鱼片”、“椒盐泥鳅”等。

细节52　不同体质，适宜推荐

➤ 体质虚弱者

通常，体质虚弱的顾客一般胃的消化能力较差，餐饮服务员最好能为其提供一些好消化、易吸收、暖胃的菜品。比如，“清蒸鲈鱼”等。适宜用的食材有鹅肉、牛奶、蜂蜜、芝麻酱、银耳、核桃仁等，千万不能推荐冰爽刺身生吃之类的菜式。

➤ 糖尿病人

糖尿病是因体内胰岛素不足而引起糖、脂肪及蛋白质代谢紊乱所致，表现出人体消瘦、多食、多饮、多尿。由于此病为燥热阴虚、津液不足，故当为此类顾客选择以滋阴清热、补肾益精、少糖、低热能、多优质蛋白和富含无机盐及维生素的菜肴，以补充营养，减少胰岛素分泌的负担，如“山药莲子大枣炖羊肚”；另外，新鲜蔬菜，南瓜、冬瓜、豇豆、芹菜和猪脑、木耳、蘑菇类食材组合的菜式也比较适宜，如“蛋黄焗南瓜”、“家常南瓜片”、“瘦肉冬瓜汤”、各类野生菌汤、“蘑菇扒芥蓝”、“鸡蛋煎猪脑”等。

➤ “三高”顾客

“三高”是指高血压、高血脂、高胆固醇，这是典型的老年病症，餐饮服务员可为他们选择诸如“葱烧海参”、“海蜇皮拌黄瓜”、“香醋拌木耳”、“煲海参粥”、“煲莲子粥”之类的菜品。在为这类顾客推荐菜品时，应注意：

（1）食材和菜肴应以输通血管、稀释和降低血脂、降低胆固醇为目的。

（2）要选择适宜的食材，如燕麦、荞麦、麦麸、小麦、玉米、薏米、高粱米、绿豆等富含植物蛋白和粗纤维的杂粮。

（3）选择新鲜蔬菜，如油菜、芹菜、苦瓜、黄瓜、茼蒿、芋头、土豆、红薯、西红柿等；海鲜品应选择海参、海带、海蜇、海藻类；干果类应选择菱角、花生、莲子、向日葵；适宜的水果包括山楂、柿子、香蕉、西瓜、桃子等；此外，鸭蛋、黑木耳、黑芝麻等也比较适宜推荐。

（4）菜式要少盐，口味清淡；油脂少，便于消化吸收，利于降低血压、血脂和胆固醇。

细节53　快速拉近，与客距离

➤ 初次见面寒暄

初次见面寒暄的技巧体现在餐饮服务员的举止、仪表等诸多方面。

1.眼神交流时应从正面与对方目光相交

餐饮服务员的目光应是坦然、和善、热情，注视的位置在以对方双眼为底线、唇部为顶角的倒三角形区域内，这种正面与对方目光相交的注视令人感到舒服有礼貌，一种和谐的社交气氛也会随之营造出来，给顾客留下友善的感觉。

2.身体略向前倾面带微笑

身体略向前倾表示友善、谦恭。微笑是人内心喜悦情感的自然流露，它是自信、礼貌的表示，是真诚、热情、友好、尊敬、赞誉的象征，面带微笑给顾客带来的是宽慰。

3.精神饱满地与顾客交流

精神饱满是健康体魄的象征，餐饮服务员与顾客交流时，首先要尽力满足顾客的心愿，然后要随时准备回答顾客的疑惑或相关问题。

4.根据表情来确定寒暄内容

不同的顾客表情不同，餐饮服务员与其寒暄的内容也不尽相同。

（1）表情喜上眉梢的顾客，可以用同样的微笑问候顾客："您好！"

（2）表情忧郁、闷闷不乐的顾客，不是事业不顺，就是感情受到伤害。对这类顾客，餐饮服务员应以加倍关心的神态，主动问候："天气寒冷，请到里边挨暖气位置坐下点菜可以吗？"体现问寒问暖，体贴关心顾客的态度，让顾客忧郁的心情有所缓解。

（3）表情热烈的顾客多半是战友、同学、同乡久别重逢，餐饮服务员要以祝贺的口气欢迎大家到本店来就餐。

（4）表情严肃的顾客，大多是经历坎坷而深沉的人。对其寒暄要真诚而且有度，不能频频与其交流，否则会引起对方的反感。

➤ 快速交往

1.态度自然得体

餐饮服务员在顺应顾客需求，强化购买动机的同时，更要注重态度自然得体。

通常，餐饮服务员态度自然得体的外在表现是，顺应顾客的思路，顺应顾客的消费目的、就餐主题，站在顾客的角度去介绍菜品，提示和指导顾客消费。

态度自然得体的内在要求包括：餐饮服务员不能将自己的意愿和喜好强加于顾客，也不能放任顾客超出自己支付能力乱点菜品。要真诚地充当主人秘书的角色，统筹兼顾，通盘考虑。在"顾客第一"的前提下，还不能忘记兼顾本店的利益。

2.获得对方的信任

在人际交往中，信任来自于对人的诚实态度。在点菜过程中，餐饮服务员要充当主人秘书的角色，处处全方位替主人着想。要掌握主宾的地域习俗、口味爱好。选菜时，要十分注重主宾的选择，在菜式组合上要做到口味各异，烹调方法多样，价格要高、中、低档兼顾，营养要荤素搭配合理。一次成功的消费体验会令宾主记忆深刻，餐饮服务员用诚实有效的关心，换来的是信任。

3.与对方步调一致

与对方步调一致体现在具体点菜工作中的要求是，读懂并领会对方的眼神和行为意图，要迎合对方的喜好，顺应对方的需求，并给予肯定和赞赏，其目的是强化顾客的消费动机，并加以诱导。所谓诱导，就是指餐饮服务员要顺应顾客的购买主导动机指向，提供相关的菜品信息，对菜品加以介绍、描述，使顾客对菜品产生兴趣和购买欲望。

4.迎合对方的喜好

在顾客点菜过程中餐饮服务员会发现：女士喜欢甜食，老人喜欢酥烂食品，孩子们喜欢酸甜口味的菜品，年轻人喜欢追求新、奇、特和时尚潮流。餐饮服务员要迎合不同人群的喜好，区别对待，介绍相关菜式。

5.不断寻找突破口

所谓寻找突破口就是抓住点菜的关键时机。作为餐饮服务员，如何在短时间内抓住点菜时机的切入点，可从以下几方面来寻找突破口。

(1) 以就餐主题、宴请目的来作为点菜时机的切入点，这种技巧适用于商务宴请。因为商务宴请通常就是花自己的钱请别人就餐，图的是回报。一桌宴席虽然会消费数千甚至上万元，但如果生意做成，即可得到几十倍上百倍的回报。所以商务宴请的突破口就定位在就餐主题上，餐饮服务员可介绍精品高档食材，如燕窝、鲍鱼、鱼翅、鱼肚、海参等。在菜名的寓意上也要多动脑筋，做到既时尚有品位，又要突出双方合作的诚意和美好前景。

(2) 接待外地顾客，要以推销本地特色菜为切入点。接待外地顾客或国外友人，应该把介绍本地特色菜作为突破口。既体现本地的地域文化、饮食习俗，又体现东道主的热情和诚意，而且会给外地和外国朋友留下终生难忘的印象。

(3) 接待私企老板要以赞扬其经济实力作为点菜时机的切入点，这类顾客通常喜欢别人的赞扬，以体现其社会地位。

(4) 三口之家周末到餐厅来就餐，图的是休闲、便利，点菜应以女人或孩子的需求为突破口，点菜服务应替丈夫着想，同时让孩子和夫人尽兴，体现丈夫的责任和实力。

相关链接

如何快速抓住顾客心理

在运用初次见面快速交往和寒暄技巧的基础上，餐饮服务员还要掌握快速抓住顾客心理的要点，才能与顾客快速拉近距离。快速抓住顾客心理的具体方法包括如下内容。

1.看点菜人是否是容易接近的人

如果容易接近，那么顾客也会比较容易接受餐饮服务员的推荐菜式。

2.看点菜人对事物是否有持续态度

有持续态度的人会追求一桌菜的和谐和完整，更易与餐饮服务员沟通，容易接受餐饮服务员的建议。

3.看点菜人的态度是否谦虚

餐饮服务员对态度谦虚的顾客介绍菜式要真诚、谨慎、仔细；对傲慢并炫耀气派的顾客，要先表示敬佩他的实力，先从高档菜开始介绍，然后介绍特别推荐的创新菜肴。

4.看其他顾客的表情和目光

在席面上，大家集中注视的人应该是被宴请的主宾。如看菜单时，有的顾客紧皱双眉，说明他不喜欢，或有难言之隐。这时餐饮服务员可主动提示，大家有无特殊要求，如是否有忌口的……

5.判断点菜人的具体身份与地位

顾客的身份决定了他的社会地位，而身份大多取决于其担任的职务，或拥有的资产。

6.确定点菜人的阶层与支付能力

明确了点菜人的身份与社会地位也就知道了其归属于哪个阶层，不同的阶层有不同的支付能力。对此，餐饮服务员要判断准确，区别对待。

总之，餐饮服务员要学会在与顾客初次见面后通过察言观色，快速抓住顾客心理，学会寒暄的技巧，以便更好地为顾客服务。

细节54　多用赞美，更好销售

对顾客消费的偏好要给予赞美和肯定，但措辞要适度，可赞美顾客懂菜，赞美顾客是美食家，赞美其风度和气质、品质修养，赞美其家人等。

➤ 赞美顾客懂菜

当顾客很高兴并自信地点出自己喜爱的菜时，餐饮服务员可赞美顾客有眼力。

➤ 赞美顾客的风度气质

遇到着装有品位、眼睛流露出自信的神态、说话有亲和力的顾客，餐饮服务员要学会赞美顾客是事业成功的人士，夸赞其风度气质不凡。

➤ 赞美顾客的品质修养

在面对销售服务中出现失误，非但不责备，而且还鼓励自己以此为鉴的顾客时，要真诚地说："对不起，由于我的失误，给您带来了麻烦和不便。您不但不责备，还鼓励我继续努力，您的修养和品德令人敬仰，谢谢您的包容。"

➤ 赞美顾客的家人

赞美顾客家人的技巧是赞美孩子的聪明、老人的慈祥、妻子的贤惠等。

➤ 语言适度，不能虚假吹捧

如果没等顾客开口点菜，就吹捧说"一看您就是美食家"，会使顾客感到"太假"而不知所措。

通过赞美，应该使顾客产生愉悦和自豪感，从而对餐饮服务员的销售工作更好地给予协助和支持，以此对餐饮服务员产生更深的信赖感。

细节管理七

餐饮店成本控制

细节55　菜肴成本，全程控制

➤ 菜肴成本组成

菜肴成本由以下三个部分组成。

（1）原材料成本，生产菜肴实际耗用的各种原料价值的总和。

（2）人工成本，参与厨房生产的所有管理人员和职工的工资。

（3）经营费用，除原材料成本和人工成本以外的成本。

菜肴原材料成本属于变动成本，与菜肴销售收入的大小成比例变化。它由主料、辅料和调料构成，这三类食材是核算菜肴成本的基础。

➤ 菜肴成本控制方法

菜肴成本的控制贯穿原材料的采购、验收、储存、发放、加工、烹调和销售各环节全程控制。

1.生产前控制

生产前包括采购、验收、储存和发放，具体如下表所示。

菜肴生产前控制

序号	类别	控制方法	备注
1	采购控制	（1）严格编制厨房采购明细单。厨师长或厨部的负责人每天晚上根据餐饮店的经营收支、物资储备情况确定物资采购量，并填制采购单报送采购部门 （2）严格控制采购数量。在决定采购数量时，既要综合考虑市场的行情（如下个月的燃料油价将上涨，现在就可以大量购进），又要考虑储存时的人力和电力等费用 （3）严格采购询价报价体系，专门设立物价核查制度，定期对日常消耗的原辅料进行广泛的市场价格咨询	

（续表）

序号	类别	控制方法	备注
2	验收控制	检验购进的食材的质量是否符合厨房生产的要求，数量和报价是否和订货量一致	
3	储存控制	（1）保证各种食材的质量和数量，尽量减少自然损耗 （2）注意掌握各种食材的日常使用和消耗动态，合理控制库存，加速资金周转 （3）科学地整理、分类存放各种食材，便于收发盘点	
4	发放控制	（1）鲜货管理员应该统计出当天的鲜货入厨的品种、数量、金额 （2）干货调料在发放时应该严格根据领料单发货 （3）规范干货调料的发放时间和次数，避免随便领料，减少浪费	

2．生产中的控制

（1）加工过程的控制。

加工过程包括了食材初加工和细加工，初加工是指食材的初步整理和洗涤，而细加工是指对食材的切制成形，在这个过程中应对加工净出率和数量加以严格控制。

食材的净出率即食材的利用率。控制应规定各种净出率指标，如以下四个表所示：

部分家禽类食材的净出率

毛料品名	净料处理项目	净料		下脚料、废料损耗率（%）
		品名	净料率（%）	
光统鸡	分档整理，洗涤	净鸡 其中： 鸡肉 鸡壳 头脚 胗肝	88 43 30 11 4	12

（续表）

毛料品名	净料处理项目	净料		下脚料、废料损耗率（%）
		品名	净料率（%）	
毛统鸡	宰杀，去头、爪、骨、翅、内脏	熟白鸡	55	45
	剔肉	鸡丝	35	65
	宰杀，去头、爪、内脏	鸡块	50	50
毛笨鸡	宰杀，去头、爪、内脏	净鸡	62	38
野鸡	宰杀，去头、内脏，洗净	净野鸡	75	25
野鸭	宰杀，去头、内脏，洗净	净野鸭	75	25
光鸭	宰杀，去头、内脏、洗净	熟鸭	60	40
光鸡	煮熟，整理分档	净鸡 其中： 胗肝 肠 脚 带骨肉	94 8 3 8 75	6
鸭胗	去黄皮垃圾，洗净	净胗	85	15
活公鸡	宰杀，洗净，分档	净鸡	67	15
		胗、肝、心、脚、腰等	18	
活母鸡	宰杀，洗净，分档	净鸡	70	13
		胗、肝、心、脂肪、脚等	17	

部分水产品类食材净出率

毛料品名	净料处理项目	净料		下脚料、废料损耗率（%）
		品名	净料率（%）	
鲤鱼、鲢鱼	宰杀，去鳞、鳃、内脏，洗净	净全鱼	80	20
鲫鱼、鳜鱼	宰杀，去鳞、鳃、内脏，洗净	净鱼块	75	25
大、小黄鱼	宰杀，去鳞、鳃、内脏，洗净	炸全鱼	55	45
黑鱼、鲤鱼	剔肉切片	净鱼片	35	65
鲢鱼	剔肉切片	净鱼片	30	70
鳜鱼	剔肉切片	净鱼片	40	60
活鳝鱼	宰杀，去头、尾、肠、血洗净	鳝段／丝	62/50	38/50
活甲鱼	宰杀，去壳、去内脏，洗净	熟甲鱼	60	40
鲳鱼	宰杀，去鳞、鳃、内脏，洗净	无头净鱼	80	20
带鱼	宰杀，去鳞、鳃、内脏，洗净	无头净鱼	74	26
鲅鱼	宰杀，去鳞、鳃、内脏，洗净	净鱼	76	24
大虾	去须、脚	净虾	80	20
比目鱼	宰杀，去内脏、皮、骨，洗净	净鱼	59	41
鳜鱼	剔肉切成泥茸	净鱼泥茸	45	55

部分蔬菜类食材净出率

毛料品名	净料处理项目	净料		下脚料、废料损耗率（%）
		品名	净料率（%）	
白菜	除老叶、帮、根，洗净	净菜心	38	62
白菜、菠菜	除老叶、根，洗净	净菜	80	20
时令冬笋	剥壳、去老根	净冬笋	35	65
时令春笋	剥壳、去老根	净春笋	35	65

（续表）

毛料品名	净料处理项目	净料		下脚料、废料损耗率（%）
		品名	净料率（%）	
无叶莴苣	削皮、洗净	净莴苣	60	40
无壳茭白	削皮、洗净	净茭白	80	20
刀豆	去尖头、除筋、洗净	净刀豆	90	10
蚕豆、毛豆	去壳	净豆	60	40
西葫芦	削皮、去籽、洗净	净西葫	70	30
茄子	去头、洗净	净茄子	90	10
冬瓜、南瓜	削皮、去籽、洗净	净瓜	75	25
小黄瓜	削皮、去籽、洗净	净黄瓜	75	25
大黄瓜	削皮、去籽、洗净	净黄瓜	65	35
丝瓜	削皮、去籽、洗净	净丝瓜	55	45
卷心菜	除老叶、根，洗净	净卷心菜	70	30
卷心菜	除老叶、根，洗净	净菜叶	50	50
芹菜	除老叶、根，洗净	净芹菜	70	30
青椒、红椒	除根、籽，洗净	净椒	70	30
菜花	除叶、梗，洗净	净菜花	80	20
大葱	除老皮、根，洗净	净大葱	70	30
大蒜	除老皮、根，洗净	净大蒜	70	30
圆葱	除老皮、根，洗净	净圆葱	80	20
山药	削皮、洗净	净山药	66	34
青、白萝卜	削皮、洗净	净萝卜	80	20
土豆	削皮、洗净	净土豆	80	20
莲藕	削皮、洗净	净莲藕	75	25
蒜苗	去头、洗净	净蒜苗	80	20

部分干货类食材净出率

毛料品名	净料处理项目	净料		下脚料、废料损耗率（%）
		品名	净料率（%）	
鱼翅	拣洗，泡发	净水发鱼翅	150 ~ 200	
刺参	拣洗，泡发	净水发刺参	400 ~ 500	
干贝	拣洗，泡发	水发干贝	200 ~ 250	
海米	拣洗，泡发	水发海米	200 ~ 250	
干鱼肚	油浸发水泡软挤干水分	水发鱼肚	300 ~ 450	
蜇头	拣洗，泡发	净蜇头	130	
海带	拣洗，泡发	净水发海带	500	
干肉皮	油浸发水泡软挤干水分	水发肉皮	300 ~ 450	
干猪蹄筋	油浸发水泡软挤干水分	水发猪蹄筋	300 ~ 450	
干蘑菇	拣洗，泡发	水发蘑菇	200 ~ 300	
黄花菜	拣洗，泡发	水发黄花菜	200 ~ 300	
竹笋	拣洗，泡发	水发竹笋	300 ~ 800	
冬菇	拣洗，泡发	水发冬菇	250 ~ 350	
香菇	拣洗，泡发	水发香菇	200 ~ 300	
黑木耳	拣洗，泡发	水发黑木耳	500 ~ 1000	
笋干	拣洗，泡发	水发笋干	400 ~ 500	
玉兰片	拣洗，泡发	水发玉兰片	250 ~ 350	
银耳	拣洗，泡发	净水发银耳	400 ~ 800	
粉条	拣洗，泡发	净湿粉条	350	
带壳花生	剥去外壳	净花生仁	70	30
带壳白果	剥去外壳	净白果仁	60	40
带壳栗子	剥去外壳	净栗子肉	63	37

加工数量应以销售预测为依据，满足需要为前提，留有适量的储存周转量，避免加工过量而造成浪费，并根据剩余量不断调整每次的加工量。

(2) 配份过程的控制。

配份过程的控制是食品成本控制的核心，也是保证成品质量的重要环节。

在配份中应执行规格标准，使用称量、计数和计量等控制工具。通常的做法是每配两份到三份称量一次，如果配制的分量是合格的可接着配，然而当发觉配量不准，那么后续每份都要称量，直至确信合格了为止。

凭单配发，配菜厨师只有接到餐厅顾客的订单，或者规定的有关正式通知单才可配制，保证配制的每份菜肴都有凭据。

严格杜绝配制中的失误，如重复、遗漏、错配等。

(3) 烹调过程的控制。

从烹调厨师的操作规范、制作数量、出菜速度、剩余食品等几个方面加强监控。具体如下表所示。

烹调过程的控制

序号	类别	具体内容
1	操作规范	必须督导炉灶厨师严格按操作规范工作，任何图方便的违规做法和影响菜肴质量的做法都应立即加以制止
2	制作数量	应严格控制每次烹调的生产量，这是保证菜肴质量的基本条件，少量多次的烹制应成为烹调制作的座右铭
3	出菜速度	在开餐时要对出菜的速度、出品菜肴的温度、装量规格保持经常性的督导，阻止一切不合格的菜肴出品
4	剩余食品	剩余食品在经营中被看作是一种浪费，即使被搭配到其他菜肴中，或制成另一种菜

3.生产后的控制

生产后的成本控制主要体现在实际成本发生后，财务部将各项成本率和计划成本率提供给餐饮部进行比较、分析，找出问题，分析原因，及时调整，为下一次制订生产预测和计划提供依据，为企业赢利。

(1) 将昨日理论成本与鲜货管理员报来的昨日直拨厨房总额和干货管理员报来的昨日厨房领货总额对比，找出差异的原因。发生差异的原因有以下几点：

——昨日领货过多，厨房有大量剩余的食材或半成品；或前天剩余过多，导致昨日领货较少。

——标准配方卡不准确。

——菜肴的分量可能偏离了标准，生产环节可能发生了浪费。

——采购环节或验收环节可能出现了问题。

——是否有些食材的价格最近波动较大。这些价格的波动能导致哪些菜肴的成本发生变化，这些菜肴每天销售了多少，能造成多大的影响，是否建议相关部门作售价调整。

——销售排行前几名的单项菜肴的毛利率是否偏高，最不受欢迎的菜肴有什么问题，为什么不受欢迎，是厨师的因素还是市场的因素，是否需要调整。

(2) 不考虑厨房库存因素，每半月对菜肴的成本进行一次分类汇总，并参加成本分析会，通报半月以来的菜肴成本控制情况。

(3) 每月底对厨房进行盘点，并考虑存货假退料情况，做月底成本综合分析。

➤ 建立成本检查制度

1.营业结束后到厨房检查工作

(1) 食材有没有入库。

(2) 涨发食材有没有换水。

(3) 调料是否收藏好。

(4) 用具是否归位。

(5) 垃圾是否处理好。

(6) 油锅、汤汁、砧板、抹布是否处理。

(7) 炉灶、笼锅、烤箱是否清洁。

(8) 水、电、油、气、阀门是否关闭。

(9) 门窗是否关闭。

2.食材验收时检查工作

(1) 食品是根据质量标准来检查的吗?

(2) 收货是根据采购单吗?

(3) 是使用正确的食品收货设备吗?

(4) 收货负责人受过适当的培训吗?

(5) 货物是快速储存的吗?

（6）不能收的货物拒收了吗？

（7）收货的区域有经理检查吗？

（8）箱装食品称重前是从箱中取出来的吗？

（9）箱装水果与其他物品的检查是同样的标准吗？

（10）直接采购的项目是不是直接被送到厨房？

（11）收货员是不是填写了每天收货记录？

（12）收货和采购是不同的两个人吗？

3.不定期到库房检查工作

不定期到库房检查以下工作：

（1）在先入先出的使用吗？

（2）储存的项目是根据存货记录的吗？

（3）盘点的人与库管是不同的两个人吗？

（4）盘点是按照程序进行的吗？

（5）考虑过理想的储存温度吗？

（6）食品储存到冰箱时正确地打包了吗？

（7）所有的员工都知道解冻食品不能再冷藏吗？

（8）冷冻食品是用原先的容器还是冷冻袋子和铝锡纸装？

（9）食品的冷藏不挨地，远离墙了吗？

（10）开罐的物品储放在密封容器中了吗？

（11）损坏的食品是否快速转移了？

（12）损坏的食品快速的报告了吗？

（13）如何有效的防腐蚀？

（14）贵重的货物有特殊的保护吗？

（15）储物区域上锁了吗？

细节56　建立机制，控制收入

收入是保证利润的前提，控制好收入至关重要。

➤ 固定基本菜谱

明确菜谱及价格，并有专人及时输入电脑。其他菜肴如调整，将规定的程序进行更改和调整，海鲜类等时价菜如变动不大，可按5～7天（或更短时间）做一次调整。

➤ 规范陈列柜菜牌

陈列柜菜牌须严格按菜谱规范标明，点菜时，点菜员也须严格按菜牌名称记录齐全，不得简写或改写，以免收银员输入时混淆和算错价格。

➤ 凭单输账

收银员点菜输入须准确按点菜单名称输入，如有价格不符或有误，应立即通知当事人（点菜员）或厅面督导查询清楚，不得随意按点菜单输入或随意修改菜谱输入。

➤ 盖章出品

要求所有点菜单（含酒水单）都应盖有收银专用章，以防止飞单，收银专用章应由收银员专人保管。

➤ 复核账单机制

两人当班的，一人输入电脑，一人手工计算，并相互核对，特别对于贵重的海鲜、菜肴、酒水，更要着重复核斤两、价格或数量等，并且在买单时，要提醒服务员复核，防止错漏、错退。

➤ 核对机制

（1）保存完整划菜联（酒水联），每天进行核对，设专人对送交的划菜联（酒水联）与收银账单（或酒水报表）进行核对，查核价格、数量等，防止错收漏收。

（2）核对餐饮报桌数，防止漏收，包括审核宴请免费、折旧等是否合理等。

（3）特别对于高档食品要每天核对和统计。

相关链接

堵住现金收入外流

如何堵住餐饮现金收入外流，可以采用三条控制路线。

餐饮现金收入日常控制的主要手段是单据控制。特别强调“单单相扣，环环相连”。管理和控制餐饮收入外流就要将物品传递线、餐单传递线、货币传递线协调统一起来。

1.物品传递线

菜品从厨房取出到送至顾客餐桌为止。但从管理控制的角度上看，应将该物品传到算出成本为止。这一过程中，主要单据为“取菜单”。餐饮的物品传递线一般如下：

（1）服务员首先根据顾客的要求，开出一式四联的取菜单。

（2）服务员把一式四联的取菜单交给收银员盖章，收银员留下一联收银联，用于开立或打印账单，其他三联退还给服务员。

（3）服务员给自己留下一联留存联，把取菜联和传菜联送到厨房。

（4）厨房根据取菜联制作菜品。

（5）传菜员核对传菜联后将菜品送到餐厅。

（6）下班结束后，厨师把取菜联或传菜联整理好交其主管。

（7）厨房将交来的取菜联或传菜联汇总、整理，由餐饮店经营者进行审核。

2.餐单传递线

餐单在传递时也有一定的路线，以保证每一环节都服从管理和检查核对的需要。一般的餐单传递线包括：

（1）收银员将取菜单收银联的内容键入收银机（如果没有收银机，则开立账单），打印出餐单，并把收银联附在其后，按餐台号码的顺序排放好，等待顾客结账。如果顾客又添菜或酒水，收银员取服务员送来的加菜单的收银联，再键入收银机，打印上面的内容。

（2）顾客结账时，收银员根据餐单的最后总金额向顾客收款，并把结完账的餐单按编号放好。

（3）每班或每天结束时，收银员根据餐单编制本班或本天收银员报告，并打印出本天的收入情况记录纸带，进行核对。

3.货币传递线

（1）收银员首先根据餐单向顾客结账收款。结账方式一般有两种：一种柜台形式，即让顾客自己到收银台付款；另一种方式是“餐台付款”，即由服务员从收银台取来账单，把账单放在托盘上，送到餐台递给顾客。顾客检查核对餐单上的明细科目后，把钱放在托盘上，由服务员交到收银台并负责找零。

（2）收银员下班时，需填写交款信封，将现金装进去封存，放入指定的保险箱。

细节57 人工成本，有效控制

人工成本是指餐饮店在一定时期内（通常为一年）生产、经营和提供劳务活动中因使用劳动力而支付的所有直接和间接人工费用。

餐饮店经营者要注意对员工的管理，减少员工的流失。因为对于员工的招聘、培训需要耗费一定的人力和物力，如果人员流失过于频繁，将会造成一些隐性的成本。

➤ 压缩人员编制

员工数量是影响人工成本的因素之一。通过压缩人员编制，可以削减在岗员工的人数，减少人工成本的支出。具体如下表所示。

压缩人员编制措施

序号	措施	具体内容	备注
1	设备的自动化、电子化和网络化	通过计算机和网络技术，加强信息沟通的及时性和有效性，削减管理层次	利用现代科学技术，代替一部分重复性高、流程性强的工作，从而减少工作岗位
2	合理进行外包和内包	(1)将清洁、安全等业务外包给专业公司，减少餐饮店普通员工数量 (2) 减少专业管理人员的数量	

（续表）

序号	措施	具体内容	备注
3	简化工作流程	部门职责、岗位职责进行整理和简化，设计更为科学合理的人员编制	

➤ 建立完善的内部培训体系

（1）通过内部培训，培养合格人员，为餐饮店的发展提供充足的人力资源保障，缓解由于供小于求而带来的工资增长压力。

（2）通过内部培训，进一步提高各岗位的工作技能和专业知识，提高工作效率，改善服务质量，同时有效缓解招聘压力。

➤ 以绩效为导向，扩大可变薪酬比重

1.绩效考核

经营者根据餐饮店的实际情况和岗位说明书，设计一套简单而有效的考核体系。在考核体系的制定过程中，应当结合标准的管理模式和餐饮店的经营管理整体绩效，将员工的个人绩效与餐饮店的整体绩效有机结合起来。

2.薪酬构成

作为绩效考核结果的应用，在薪酬组成中扩大可变薪酬的比重，提高绩效优秀员工的工资收入。

细节管理八

餐饮店安全管理

细节58 食物中毒，预防为主

➤ 细菌性食物中毒

有害细菌很容易在肉类等动物性食品中大量繁殖，所以防止细菌性食物中毒最积极有效的措施便是防止食品污染，或将被污染的食品彻底进行加热处理。

（1）避免各种因素对食品的污染，容器、切肉刀板只要接触过生肉、生内脏的都应及时洗刷清洗，不能因为嫌麻烦，而连续使用。一定要严格做到生熟用具分开，冷藏设备分开，加工人员分开，加工场所分开，防止交叉污染。

（2）防止细菌大量繁殖，生熟动物性食品及其制品，都应尽量在低温条件下保存，暂时缺乏冷藏设备时，工作人员也应及时将食品放于阴凉通风处。

（3）彻底进行加热处理，严禁食用病死或病后屠宰的家禽畜，对肉类等动物性食品，在烹调时应注意充分加热，以达到烧熟煮透，剩菜、剩饭食用前应充分加热，彻底灭菌的要求，熟肉类和肉类制品如存放时间稍长，在食用前应再加热一次。

（4）食品加工中做到，鸡蛋煮沸 8 分钟，鸭蛋煮沸 10 分钟，肉类在烹调过程中应使肉块中央呈灰色固体状，彻底烧熟煮透。中心温度达到 70℃。

（5）禁止家禽、家畜及宠物进入厨房，彻底消灭厨房、储存室、楼面等处的老鼠、蟑螂、苍蝇等害虫。

➤ 化学性食物中毒

避免化学性食物中毒的措施主要是从食品加工与保管过程中进行的，主要有以下几点：

（1）禁止使用装过含砷，有机磷等农药的容器盛放粮食和其他食品。

（2）不用镀锌容器盛放、煮制、加工酸性食物。

（3）避免使用含铅量高的容器、工具等做饮食品用具、食具、容器及包装材料。

（4）食品生产过程中使用的化学物质或食品添加剂，必须符合食品卫生标准要求，并确保成品中含有的各种食品添加剂的用量不超过国家规定标准。

（5）严格遵守食品卫生标准，凡食品原料中镉与汞含量超过国家规定标准的一律不进行菜品加工。

（6）控制食品原料及添加剂中的含铅量，使用添加剂时要严格按国家标准执行。

（7）蔬菜、水果食用前需清洗，浸泡或削皮，粮食需加工处理，以降低有机磷农药在食物中的残留量。

➤ 有毒动、植物食物中毒

（1）不加工出售有毒或腐败变质的鱼类食品，尤其是青皮红肉鱼类，对含组胺较多的鱼类，应注意烹调方法，减轻其毒性。

（2）加工前应对菌类进行鉴别，对于未能识别有毒或无毒的菌种类，绝不能想当然的食用，应该把样品送有关部门的鉴定，确认无毒后方可食用。

（3）马铃薯应在低温、无阳光直射的场所储存，发芽较重及变黑绿的马铃薯不得加工食用，在食用发芽较轻的马铃薯时，应去除芽和芽眼，而且发芽马铃薯不宜炒食，应煮、烧熟透后食用，烹调马铃薯时加些醋。

（4）食用芸豆时应充分熟透，避免食用沸水焯过和旺火快炒的芸豆菜肴。

（5）加工杏仁时均应充分加热，敞开锅盖使其失去毒性。

（6）木薯不能生吃，加工要去皮、水浸、煮熟，新鲜木薯要剥去内皮后再进行加工，浸泡木薯的水及薯汤不宜弃于池塘内，也不宜喂牲畜。

➤ 真菌毒素食物中毒

（1）防霉变，主要是控制温度和湿度，一般粮食含水量在13%以下，玉米12.5%以下，花生8%以下，霉菌不易繁殖。因此，粮食储存要清洁干燥，低温，要装有通风设备，根据粮温，库温及湿度采取降温，降湿措施。

（2）去毒素，如果粮食已被黄曲霉菌污染并产生毒素后，应设法将毒素清除或破坏，可用物理，化学或生物学方法去毒，或将毒素破坏，其可利用的方法有：挑选霉粒法、碾轧加工法、加碱去毒法、物理吸附法、加水搓洗法等。

相关链接

食物中毒的基本特点

发生了食物中毒，有以下共同的基本特点：

1.有共同的致病食物

所有的病人都在相近的时间内吃过某种共同的致病食物，病人发病的程度与进食关系明显，食用量多的人群发病严重，食用量少的人群发病则轻微，没有进食这种食物的人，即使同桌进餐或同屋居住也不发病，很明显，病人发病范围仅仅局限在食用该种有毒食物的人群中。另外，只要停止食用这种有毒食物，发病则很快停止。

2.潜伏期短

食物中毒发病呈急性暴发的特点，很多人在短时间内同时或先后相继发病，症状表现明显，在短时间内达到高峰。

3.患者的临床表现和治疗方法大致相同

食物中毒的病人大部分症状相似，临床表现多为急性胃肠炎症状，治疗方法也多以解毒为重点。

4.不具有传染性

食物中毒的病人是不具有传染性的，只要污染源被清除后就不再出现新的患者，正常人接触病人也不会出现直接的传染关系。

细节59　安全事故，做好防范

➤ 切、割伤防范

对烹饪员工来说，刀具随时都有危险，员工在使用砍刀、切刀或类似的工具时必须注意安全。

（1）使用各种刀具时，注意力要集中，方法要正确操作，不得用刀指东划西，不得将刀随意乱放，更不能拿着刀边走路边甩动膀子，以免刀口伤着别人。

（2）一定要把切的食品放在桌上或砧板上，切的时候要从切者的身体方向向外切，并抓紧被切的食品，然后用力朝下切，切食品时，要用另一只手拿着食品，然后把刀刃对准食品切下去。

（3）刀把松动的菜刀应该及时修理，菜刀用完后应放回原处，而不要放在操作台边上，避免菜刀跌落掉到脚上。

（4）千万不要试图去接住坠落的菜刀，更不要把菜刀当玩具，也不要把菜刀当做替代工具来开启酒瓶、罐头和纸箱，而应使用合适的开启工具。

（5）清洗菜刀和其他利器注意力要集中。清洗刀具时，要一件件进行，切不可将刀具浸没在放满水的洗涤池中，绝不能把菜刀或其他利器放在有肥皂水的清洁盆里，要小心清洗所有的利器，用叠得厚厚的布小心谨慎地从刀身向刀刃方向清洗。清洗机械刀片时一定要清洗其刀身，拔掉插头，查阅生产商提供的操作维修手册。按照清洗说明进行清洗。

（6）厨房加工时尽量不要使用玻璃器皿以避免玻璃片的割伤。一旦玻璃器皿打破，应立即用扫把和簸箕打扫，千万不要用手清理玻璃碎片。如果玻璃器皿是在洗碟机里被打破的，应放掉洗碟机里的水，再用湿布垫着把玻璃器皿和打破的玻璃碎片拿出来，然后放进标注有不能再次使用的标记和盒子里。

（7）把各类刀、锯以及其他的利器放在专用架子上，不使用时放入专门的抽屉。

（8）使用设备配备的安全保护工具，遵循设备要求的安全措施。

（9）使用研磨机的时候要小心，应用进料器或捣棒帮助进料，不要直接用手进料。

（10）操作磨刀器械时一定要使用保护手指的工具。

（11）在清洗设备时，要先切断电源再清洗，清洁锐利的刀片时要格外谨慎，洗擦时要将抹布折叠到一定的厚度，由里向外擦。

（12）发现工作区域有暴露的铁皮角、金属丝头、铁钉之类的东西，要及时敲掉或取下，以免划伤。

➤ 跌伤防范

实际上，跌伤引发的摔倒比其他种类和事故导致死亡的人数更多，大多数摔倒者并非从高处摔下，而是在平地滑倒或绊倒的。预防摔倒有以下几种做法：

（1）始终保持地面干净干燥，有溅出物时要立即拖干净。在工作区域建议挂上“注意安全”或“防止滑倒”的警示牌。

（2）要确保出入口干净安全，冬季的下雪天要注意，要注意经常清理台阶及其他区域的雪和冰，保证路面干净不滑。工作区域门前的踏垫要保持干净，随时注意踏垫的摆放位置。

（3）危险的用具放在远离工作区域的地方。

（4）及时维修破损楼梯台阶，一旦发现有松动的或已翻起来的地板砖，应立即换掉。

（5）工作区域的员工要穿平跟防滑鞋，勿穿薄底鞋、高跟鞋、网球鞋和塑料鞋。鞋跟和鞋尖部分不能有开口，绑紧鞋带，防止绊倒。

（6）建议餐饮店工作人员靠一定的方向走，过摇摆门时，不要跑过去，应留意前方是否有工作人员，避免发生碰撞。

（7）不要把较重的箱子、盒子或砖块等放在高处以防砸伤人。

（8）如果要爬到高处做事或取东西，要使用牢固的梯子，并尽量找其他工作人员配合。

（9）所有通道和工作区域内应没有障碍物，厨柜的抽屉和柜门应时刻保持关闭。

➤ 烫伤防范

烫伤是发生在餐饮店的常见事故，以下是预防烫伤的一些方法：

（1）无论使用何种厨具或燃气设备，都应遵循操作规程。

（2）移动热锅要特别注意，在移动之前，应把放热锅的地方预备好。

（3）用干燥的端锅垫端锅，湿的锅垫会导致蒸汽烫伤。绝不能使用围裙、毛巾、洗碗布来端锅。

（4）瓦罐熬汤要防止瓦罐湿底脱落，不要使用把柄松动的平底锅（以防突然翻转跌落），不要使用圆底锅（以防倾斜）。

（5）不要给水壶装得太满，打开锅盖时应小心提起锅盖，以免被蒸汽烫伤。

（6）烤炉的操作要注意，千万不要将手伸进烤炉，要使用专用工具。

（7）在使用燃气灶时，应先开引风机和鼓风机，然后点火，再开燃气阀。

（8）使用蒸汽设备，严禁蒸汽管对人，严禁在未关汽时打开设备蒸盖，严禁身体直接接触蒸汽设备。

（9）灶具的清洗要注意时机，要把设备先放置一段时间待其冷却后再清洗。

（10）搅动热油或滚烫汤时，要用长柄用具，操作时穿长袖工作服，以防被溅出来的油、滚烫汤烫伤。

（11）搬动开水、热汤、热油的容器时，要小心慢行，以防跌翻烫伤，同时提醒通道上的员工。

（12）油炸食品时，油不许超过油锅的2/3，油温不宜过高（达到300℃，容易起火）。

➤ 扭伤防范

扭伤也是餐饮店较常见的一种事故。多数是因为搬运超重的货物或搬运方法不恰当而造成的。具体预防措施是：

（1）搬运重物前首先要估计自己是否能搬动，搬不动应请人帮忙或使用搬运工具，绝对不要勉强或逞能。

（2）抬举重物时，背部要挺直，膝盖弯曲，要用腿力来支撑，而不能用背力。

（3）举重物时要缓缓举起，使所举物件紧靠身体，不要骤然一下猛举。

➤ 电击伤防范

电击伤的产生主要是由于员工违反安全操作规程或设备出现故障而引起。其主要预防措施如下：

（1）电器设备，均要接好地线，要配有漏电保护装置。只许经培训合格的人员操作，确定具体使用人，严禁其他人动用。

（2）向设备内添加原料时，必须借助于专业的器械，不许直接用手去添料。

（3）电器设备使用完毕后要及时关闭电源，拔去插座或拉开总闸。

（4）清洁电器设备时要完全断电，如果手上沾有水时，尽量不要去触摸电源插头、开关等部件。

（5）设备使用过程中如发现有冒烟、焦味、电火花等异常现象时，应立即停止使用，申报维修，不得强行继续使用。

（6）电器如出现着火事故，要先断电，再救火，严禁用水扑救带电的电器设备。

（7）电器设备发生故障时必须请专业人员维修，严禁使用人私自乱拆。

➤ 设备事故防范

设备事故也是员工在餐饮店工作中容易出现的安全问题。其主要预防措施如下：

（1）各种机器设备，均由专人操作、专人保养、专人管理。操作人员上岗前，必须经严格的岗前培训，熟悉机器性能，能正确操作机器。

（2）设备安装调试合格后，方可接收使用。

（3）安装防护罩。操作处做好防触电标志，贴出操作规程，强调操作时不许撤除防护罩。

（4）设备必须在其额定条件下使用，不能超负荷、长时间使用。

（5）设备启动时，负荷较大的要先点动，再运行。

（6）机械设备运转时要留人在场监控，不能出现空场的情况。

（7）操作者在使用设备时，如果发现机器有异常声响或其他异常的行为，要立即停机，请专业技术人员维修，不要带故障操作。

（8）设备用完后，关闭电源，拔下电源插座或电闸。

（9）清洗电器设备前一定要关掉电源，手湿或站在有水地板上不能触摸金属插座和电器设备。设备的电机部位严禁用水冲洗。

（10）设备的日常保养由操作者负责，定期保养由专业技术人员负责，加润滑油或食用油。

细节60 员工偷窃，严肃处理

餐饮店员工在日常工作及服务过程中直接接触餐饮店的各种财产与物品。为防止员工借工作之便偷盗餐饮店财物，应有严格的惩罚措施。一旦发生偷窃行为时，将根据情节轻重进行严肃处理，绝不留情。一定要注意：

（1）贵重物品严禁携至餐饮店中，如有必要，则交由前台保管。

（2）发薪日应将现金或支票锁于保险柜中，下班的员工方可领取，领钱后最好立即离店，不要在店中无事逗留。

（3）当发现员工的偷窃行为时，对偷窃者应立即开除，严重者送公安机关。

细节61 严加防范，外人偷窃

餐饮店的经营特点决定了餐饮店每天都有大量的现金流入、流出，另外，餐饮店经营必须库存大量原材料，这就成为许多不法分子进行偷窃的目标。

➤ 利用各种硬件设备

1.灯光照明

充足的灯光可以吓阻店内和店外犯罪行为的发生。

（1）在阴雨天和天将黑时，要打开外围的灯光。

（2）在天黑时，要打开屋顶招牌灯。

（3）投射灯须能照到走道、后门、前门及外围景观。

（4）营业时间须把用餐区的灯打开，坏掉的灯需随时更换。

2.门窗

（1）后门要加装猫眼，利用猫眼来确认想要从后门进来的人员，后门最好保持锁着的状态。

（2）如果后门没有猫眼装置，则请想从后门进来的人改从前门进入。

（3）后门的门面不要有把手或其他类似零件，要使后门只能从店内打开。

（4）发现门窗有玻璃破损及螺丝脱落的情况，应立即进行修理。

（5）控制餐饮店钥匙的数量，只限店长、经理或开店及打烊的管理人员。

（6）建立钥匙记录簿，一定要求钥匙持有人签名。

（7）当钥匙数量多到无法控制，最好赶快换锁。

3.储藏间和巨型铁质垃圾桶

储藏间须上锁，巨型铁质垃圾桶确认状况良好，并保持紧闭。

4.店面外的景观

经常检查建筑物的前后及室外垃圾处理区(如果有的话)，尤其有庭院的餐饮店还要检查是否杂草丛生，一旦植物生长过高或过于茂盛，不但影响视野，更易成为歹徒躲藏之处。

➤ 开关店，注意安全

1.开店

每天第一个抵达餐饮店的人，应先环绕店面四周，检查窗户是否破损，门是否打开，巨型铁质垃圾桶是否开着，以及任何其他可疑的征兆。

2.打烊

（1）晚上餐期过后，打烊工作人员的车子统统放到店的前门，这样员工离开店到上车，较为安全。

（2）打烊后，员工离店须以结伴而行。

（3）打烊关门前，确定所有的顾客都已离开餐饮店。

（4）检查洗手间天花板有没有被潜入的痕迹，看看天花板有无移动的迹象，或有无灰屑掉在地面上。

（5）确定餐饮店所有的门、窗都上锁，且固定良好。

（6）打烊后即打开夜视灯，且不许任何人留下。

细节62 遭遇抢劫，护人为主

抢劫多发生在打烊后或深夜时刻，面对抢案发生，当事人第一时间就是想办法尽快让歹徒离去，因为歹徒停留在店内的时间越久，对员工及顾客造成伤害的概率就越大。所以抢案发生时的处理方式，是以避免暴力行为发生为关键。其处理通则如下：

（1）保护收银、出纳人员，并机警记下抢匪的容貌、口音、身高、身材、服装及所持器械等。

（2）若问及保险柜位置及号码，一概推说不清楚。

（3）以保障人身安全为第一，财物安全为其次。

（4）注意歹徒逃离方向，如有使用交通工具，记下车牌号码及车型、颜色等。

（5）尽快报警，并向总公司或负责人报告。

相关链接

抢劫的可疑情形

许多时候只要防范得宜，不给歹徒留下可乘之机，则抢案自无发生之虞。所以餐饮店在日常营业时，员工应密切注意抢劫的可疑情形并了解应对措施。

（1）当你在处理现金的时候，这位顾客总是在你面前出现，可以与这位顾客寒暄，设法打听其住处、姓名、工作地点等，让他（她）知道你已在注意他（她）。避免钱财露白，切勿在顾客面前数钞票。

（2）单独用餐的顾客，用完餐后还停留在店内迟迟不肯离去。请服务人员上前礼貌地问候："请问还需要点什么东西吗？"与顾客寒暄并闲话家常，此举可以吓阻歹徒，打消其犯案意图。

（3）顾客在餐饮店高峰时刻，进出餐饮店好几次。可以通知其他工作人员加强注意，礼貌地问候顾客有什么可以效劳的地方，上前与之寒暄与问候。

（4）在酷热气候下，还穿着外套者，可能藏有器械。通知其他工作人员观察他（她），礼貌性地上前问候、交谈，并询问店内的温度他（她）是否满意。

（5）车子停泊在店门口或停车场，但有人在车上等候。试着确认车上的人是否正在等候店内用餐的顾客。如有可能，观察并记录该车的车号、车型、颜色及停留时间。

（6）打烊后还有车子停在店外或停车场。观察驾驶人并记下该车的车号、车型、颜色及停留时间，确认车上的人是否在等候店内同伴。

（7）有人或一群人在餐饮店门外闲荡逗留，应密切观察其有无可疑的行为，并记下体貌特征，如果有充分理由，可礼貌地请对方离开，以确保安全，如果对方持续在店外闲荡，则可视情况通知警方。

（8）打烊后，有人敲门，应装设保安系统，打烊后，勿让任何人进来（如借用厕所或借打电话等）。

细节63　发生火灾，沉着应对

➤ 火灾事故防范

造成餐饮店火灾的主要原因有：电器失火、抽烟失火、管道起火、加热设备起火以及其他人为因素造成的火灾等。为了避免火灾的发生，需采取以下预防措施：

（1）厨房的各种电动设备的安装和使用必须符合防火安全要求，严禁违规操作。各种电器绝缘要好，接头要牢，要配严格的保险装置。使用和操作必须制定安全操作规程，并严格执行。

（2）厨房内的煤气管道及各种灶具附近不准堆放可燃、易燃、易爆物品。液化石油气罐要与燃烧及其他火源的距离至少 1.5 米以上。

(3) 各种灶具及液化石油气罐的维修与保养应指定专人负责。液化石油气罐即使气体用完后，罐内的水也不能乱倒，否则极易引起火灾和环境污染。因此，在使用液化石油气时，要由专职人员负责安装阀门，负责换气。

(4) 炉灶要保持清洁，排油烟罩要定期擦洗、保养，保证设备正常运转工作。

(5) 厨房在油炸、烘烤各种食物时，油锅及烤箱温度应控制得当。

(6) 正在使用火源的工作人员，不得随意离开自己的岗位。

(7) 在下班前，厨房各岗位要有专人负责关闭能源阀门及开关，负责检查火种是否已全部熄灭。

(8) 一定要有完善的消防设备，员工应了解消防设备的位置并懂得怎样使用消防设备。消防器材要在固定位置存放。

➤ 沉着应对火灾

在发生火灾之后，如果比较严重，一定要及时拨打119报警。其步骤如下：

(1) 拨通 119 号码。

(2) 电话通了以后，将火灾发生的地点（详细地址）、时间、火势情况及发生火灾地方的周围环境等做简要的说明，例如："这里是 ×× 区 ×× 路 ×× 餐饮店。"

(3) 如果知道是由什么引起的火灾及主要燃烧物，火灾现场及周围有无易燃、易爆、有毒等危险品，也最好说明。例如："某某餐饮店厨房着火了。"

(4) 说明火灾现场能否进大车（通往火灾现场的道路情况）。

(5) 说出自己的姓名、性别、年龄、住址、联系电话。

(6) 待对方挂断电话，你再挂机。

相关链接

各种灭火器的使用方法

1.泡沫灭火器

手提式化学泡沫灭火器使用时，应注意在未到达火灾现场时不能将灭火器过分倾倒，避免两种药剂（碳酸氢钠水溶液和硫酸铝水溶液）混合提前喷出。当距起火点约10米时，将灭火器倒置，一手握提环，一手抓住筒体底边，对准着火点即可喷出。

在使用泡沫灭火器灭火时，要注意以下事项：

（1）在喷射泡沫过程中，灭火器应一直保持颠倒的垂直状态，不能横置或直立过来。

（2）如果扑救可燃固体物质火灾，应把喷嘴对准燃烧最猛烈处喷射。

（3）如果扑救容器内的油品火灾，应将泡沫喷射在容器的器壁上，使泡沫沿器壁流下，再平行地覆盖在油品表面上。

（4）如果扑救流动油品火灾，应站在上风方向，尽量减少泡沫射流与地面的夹角使泡沫由近而远地逐渐覆盖在整个油面上。

2.干粉灭火器

（1）手提式干粉灭火器使用时，在离火几米远处，将灭火器立于地上，用手握紧喷嘴胶管，另一手拉住提环，用力向上拉起并向火源移近，这时器内就会喷出一股带大量白色粉沫的强大气流。

（2）推车式干粉灭火器一般由两人操作。使用时应将灭火器迅速拉到或推到火场，在离起火点大约10米处停下，一人将灭火器放稳，然后拔出开启机构上的保险销，迅速打开二氧化碳钢瓶；另一人则取下喷枪，迅速展开喷射软管，然后一手握住喷枪枪管，另一只手钩动扳机，将喷嘴对准火焰根部，喷粉灭火。灭火方法同手提式灭火器。

在室外使用时，应占据上风方向喷射。

3.二氧化碳灭火器

（1）手提式二氧化碳灭火器使用时，可手提灭火器的提把，或把灭火器扛在肩上，迅速赶到火场。在距起火点大约5米处，放下灭火器，一只手握住喇叭形喷筒根部的手柄，把喷筒对准火焰，另一只手或者旋开手轮，或者压下压把，二氧化碳就喷射出来。

（2）推车式二氧化碳灭火器使用时，一般应由两人操作。先把灭火器拉到或推到火场，在距起火点大约10米处停下，一人迅速卸下安全帽，然后逆时针方向旋转手轮，把手轮开到最大位置，另一人则迅速取下喇叭喷筒，展开喷射软管后，双手紧握喷筒根部的手柄，把喇叭筒对准火焰喷射。其灭火方法与手提式灭火相同。

在灭火时，要注意以下事项：

（1）灭火时应注意在密闭的空间内要采取防止人员窒息的措施。

（2）灭火时应处于上风方向喷射。

（3）使用前需要将气瓶颠倒几次。

（4）滞时时间1～4秒。

细节64 急救药箱，定期检查

餐饮店急救箱一般摆放在固定位置，以防意外发生时可迅速取用。急救箱一般置放的医疗用品有：胶布、胶带、纱布、绷带、棉花、棉花棒、烫伤药膏、剪刀及小钳子、急救手册、双氧水、擦伤药水。平时负责急救箱的员工要定期检查是否有这些用品、是否在保质期内。若无，则按程序申请补充。

细节管理九

餐饮店卫生管理

细节65　食物卫生，要点牢记

要保持食物的卫生，一定要注意以下要点：

（1）食物应彻底清洗、调理，储存场所及器具容器均应保持清洁。

（2）食物要尽快处理，然后烹饪供食。做好的食物也应尽快食用。加热与冷藏时应注意，细菌在超过60℃以上才能被杀灭，10℃以下能使细菌产生速度减慢，零下18℃以下则细菌根本不能繁殖。

（3）材料尽可能选用新鲜的，因为不新鲜的材料含细菌较多，调理以后也可能有细菌残留，而且细菌很容易繁殖。鱼肉炼制品、煎蛋沙拉、香肠等较易成为中毒食品，所以夏季最好不用。如果非用不可时，要特别留意选择及低温保存与调理。

（4）食盐、糖、醋等有阻碍细菌繁殖的作用，不妨多用。调理时应注意加热要彻底，以便杀死有害细菌。

（5）菜饭应该冷却到室温或更低温度再放入饭盒。将温热食品放入时，会加速整个盒饭的细菌繁殖。

（6）菜饭保存时应注意不受外界细菌污染及繁殖，并保存于10℃以下的冷藏库。盒饭如果通风良好时，也可以防止细菌繁殖及腐败。热盒饭叠放或直接晒太阳或放在温热的地方，都会有不良的影响，应该尽量避免。此外，应尽量用环保饭盒。

（7）包装容器在储藏中易受到尘埃、昆虫、老鼠等的污染，因此必须注意保存。使用时最好预先以含有效氯50ppm（百万分比浓度）以上的水消毒后再用比较安全。此外，外包装不要太厚，以免因散热不良而导致细菌大量繁殖。

细节66　变质食物，切勿食用

食品卫生与否，主要是看其是否变质。变质的食品含多种有害细菌，对人体极为有害，因此千万不能食用。餐饮店更要注意此类食品不能出售，以免引起顾客投诉，影响餐饮店声誉。不要因为小节约，而造成更大的浪费。

相关链接

常见食物变质鉴别方法

1.鲜肉

良好的鲜肉应具有光泽，红色均匀，脂肪洁白，外表微干或微湿润，触摸不粘手，有弹性，指压后凹陷立即复原，无异味，烹调中肉汤透明、澄清，脂肪团聚于汤面，有香味。

2.内脏

肠呈乳白色，稍软，略坚韧，没有脓点、出血点，无异味。胃呈乳白色，黏膜完整结实，无异味。肾呈淡黄色，有光泽，具弹性，无囊泡或畸形，气味正常。心呈淡红色，脂肪呈白色，结实有弹性，无异味。肺呈粉红色，有弹性，边缘无肺丝虫，无异味。肝呈棕红色，包膜光滑，有弹性，质地结实。

3.肉制品

火腿色泽鲜明，肉质暗红，脂肪透明白色，肉身干燥结实，有香味。咸肉呈红色，脂肪色白，肉质紧密，无异味。熟香肠的肠衣完整，肠衣与灌的肉紧密相贴，无粘液，肉红色，脂肪透明如玉，无腐臭和酸败味。酱卤肉无异味异臭，肉块中心已煮透，外表无异物污染。肉松呈金黄或淡色絮状，纤维纯净疏松，无异味。

4.鲜鱼

表面有光泽，附有清洁透明黏液，鳞片完整，不易脱落，无异味，眼球凸出饱满，角膜透明；鳃色鲜红无黏液；腹部坚实无胀气，有弹性；肛门孔白色凹陷；肉质坚实，有弹性，骨肉不分离。

5.冻鱼

鱼化冻后质地坚硬，色泽鲜亮，表面清洁无污染。鱼肉剖面新鲜不腐败，与鲜鱼相似。

6.蟹

动作灵活，能爬行，剖开后内脏无发粘变色异味。

7.禽类

健康鸡的鸡冠鲜红、挺直，肉髯柔软，眼圆大有神，嘴紧闭干燥，嗉囊无气味、积水和积食，两翅紧贴胸壁，羽毛紧贴有光泽，肛门附近绒毛洁净干净，肛门湿润粉红色，胸肌丰满有弹性，腿脚健壮有力，行动自由。

宰后禽肉质量同其他鲜肉。死禽冷宰时，切面周围组织无暗红色血液浸润，皮肤表面暗红色具青紫色死斑，脂肪暗红色，血管中有紫红色血液贮留，禽肉切面不干燥，色暗红无弹性，有少量血滴流出。冻禽解冻前，母禽皮色乳黄，公禽、幼禽、瘦禽皮色微红；解冻后，切面干燥，肌肉微红。

8.蛋类

良好鲜蛋壳上有白霜，清洁完好，照光透明，气室小，蛋黄略有阴影，无斑点。煮熟鲜蛋蛋黄呈粉状或极易松散块状、黄色均匀，无异味和杂质；蛋白呈晶片状或碎屑状，浅黄色，无异味和杂质。咸蛋外观蛋壳完整，无霉斑，摇之有轻度水荡漾感，照光蛋白透明，光亮清晰，蛋黄缩小，靠近蛋壳，打开后蛋白稀薄透明无色，蛋黄浓缩呈红色，煮熟后蛋黄有油脂并有沙感，具香味。皮蛋外层包料完整，无霉味，摇晃无动荡声，照光呈黄褐色，凝固不动，打开时，蛋白凝固、清洁，有弹性；纵剖面蛋黄淡褐、淡黄，中央部稍稀软，芳香无辛辣味。

9.粮食与豆类

粮食颗粒完整，质地坚韧，无霉变、虫蛀和杂物，色白，含水量在15%以下。豆类颗粒饱满，无虫蛀、挂丝和霉变；豆腐无豆粞和石膏脚，质地细腻，用刀切后，切面干净；整板豆腐脱套圈、揭布后不坍塌。油豆腐软，不湿心，黄橙色，有光亮；豆腐干手揩表面不发毛，挤压切口不出水；豆腐皮不破碎能揭开，有光泽，柔软无霉点。

10.蔬菜

应鲜嫩无黄叶，无刀伤和烂斑。

11.水果

优质水果表皮色泽光亮，内质鲜嫩清脆，有清香味；瓜果腐烂部分超过果体1/3则不能食用，1/3以下的要清洗消毒，现削、现挖、现售。

常作生食的水果，如萝卜、黄瓜等，食用前要用清水充分洗涤，以除去寄生虫卵和污染的杂菌及皮上农药残留。然后用开水浸泡30秒，也可用5%乳酸溶液或其他消毒液浸泡消毒后再生食。

12.糕点

糕点制作生产过程必须符合食品卫生要求，储存时要防止生虫、霉变和脂肪酸败。储放应清洁卫生、干燥、通风，并具有防鼠、防蝇设备。优质面包质地松软，顶面呈均匀的金黄或深黄色，不焦、不生、外形饱满、有弹性，咀嚼时无粘牙感。饼干色泽光亮，花纹清晰，松脆且酥有香味。

13.罐头食品

生产原料、生产工序均必须符合食品卫生要求。优质罐头外壳光洁，无锈斑、无损伤裂缝以及漏气膨胀现象，接合处焊锡完整均匀；罐内真空度必须符合标准，用金属棒轻击罐盖，发音清脆坚实；打开后罐身内壁不应有腐蚀、变黑或涂料层剥离现象。油炸食品需炸透，酥脆不得有焦味和酸败味。

水果罐头的果肉不得煮得过熟，块形完整，果肉不得过硬，色泽天然，不准人工着色；汤汁透明清澈，不含杂质，糖水一般为30%，无异味。果酱罐头应与原来果实色泽相符，果酱黏度高，倾罐时不易倒出，静置时不分离出糖汁，不允许人工着色，可适当加酒石酸或柠檬酸，无异味或香精味。保存罐头的地方应通风、阴凉、干燥，一般相对湿度应在70%～75%，温度在20℃以下，以1℃～4℃为最好。

14.冷饮食品

冷饮食品用料含有较多蔗糖、蛋、奶和淀粉，适合细菌繁殖，如生产、销售环节被菌污染容易使人发生肠道传染病。使用原料要新鲜，水源应好，香精、色素、糖精应控制使用。制作场所盛放器皿、管道应彻底清洗，并用蒸气或0.1%～0.2%漂白粉液消毒。熬料后要迅速冷却。包装纸应清洁无毒，包装纸用的蜡应为食品级石蜡。冷饮品须放在冷库或冰箱内储藏，防止融化污染，以保证冷饮食品的卫生质量。冷饮食品应具有该冷饮品的色泽和滋味，无异臭、异味及异物。汽水应澄清透明，不准混浊或有沉淀物，瓶盖严密不得漏气。

15.酒类

酒的成分除水外主要是乙醇，过量或长期饮用可引起中毒，特别是当其中含有甲醇等有害物、受微生物污染、生产原料(粮食)霉变等时，对人体更加不利。

细节67 菜品展柜，保持卫生

餐饮店内的菜品展示柜，必须保持始终如一的干净卫生。菜品展示柜实际上是一个敞口的大型恒温柜，保持展示柜的卫生清洁应按照冷藏设备进行清洁处理。

➤ 内部清洁

在摆放菜品时，为了减轻餐具对展示陈列架的磨损，往往在上面铺垫一层耐水性能比较好的塑胶地毯。展示柜内部的清洁具体过程如下：

（1）展示柜的使用一般是一天两个正餐，因此应在每餐使用结束后，都要进行一次清洁处理。

（2）先把陈列架上的地毯衬垫取下来，用长柄软毛刷蘸中性清洁剂溶液洗刷两面，然后用清水冲洗干净，控净水分晾干。

（3）如果陈列架上有菜料碎渣或其他杂物，先用软刷清扫干净，然后关闭照明灯电源，用半干的干净抹布轻轻擦拭上面的日光灯管，再擦拭陈列台面与边缘。

（4）确认已经清洁干净后，接通电源，将晾干的衬垫铺好。

（5）摆放在展示柜中的所有菜肴样品，必须用保鲜膜封好，摆放前，将餐具的底部用干净抹布擦拭除去污渍。

➤ 外部清洁

展示柜的外部是指展示柜四周的护板及基座，由于菜品展示柜一般是陈放在餐饮店的入口或距入口较近的位置，顶部很容易被尘埃污染，所以也要定期进行清洁。清洁程序如下：

（1）展示柜的基座有时会被顾客的脚碰脏，应每天擦拭 1 ～ 2 次，也可在顾客点菜时，随时擦拭，以保持清洁无污。

（2）展示柜的两侧一般每天在营业结束后，用湿抹布擦拭一次即可。

（3）展示柜的顶部一般每周清洁 1 ～ 2 次，由专人负责，清洁要准备好用于升高的梯子，先用抹布蘸清洁剂溶液擦拭一遍，把抹布洗涤干净后再把顶部擦拭一遍，以达到良好的消毒和清洁效果。

细节68　明档区域，卫生洁净

➤ 员工个人卫生

由于明档的员工在烹制菜肴是直面顾客的，不仅要有严格的卫生制度和良好的卫生习惯，还应在工作中保持良好的个人形象，以展示良好形象。明档员工的个人卫生要求如下：

（1）工装整齐洁净，工作服、工作帽、围裙无污点油渍、无皱折破损，工作帽直立挺拔。

（2）胸前除了佩戴工号牌外，不允许佩戴其他任何饰物。

（3）鞋子干净无污渍，无破损。

（4）头发短而齐整，不留胡须。

（5）不留长指甲，指甲内无污秽物。

（6）秋、冬季工作服内的衬衣领口、袖口干净无污渍、灰尘。

➤ 作业过程中卫生清洁

明档厨师在原料的准备工作与预制加工过程中，要保持良好的卫生状况，具体要求如下：

（1）废弃物与其他垃圾随时放置专用垃圾箱内，并随时将桶盖盖严，以防垃圾外溢。

（2）灶台表面、料理台面随手用抹布擦拭，菜墩与刀具也要随时擦拭，以保持清洁，并做到每隔20分钟全面整理一次卫生。

（3）作业过程中要求台面无油腻、无下脚料、无杂物，刀具、菜墩干爽无污渍。

（4）所有准备工作结束后，将一切废弃物放置垃圾箱内，并及时清理掉。

（5）对灶台、料理台面、不锈钢货架及各种用具的卫生进行全面整理、擦拭。

（6）刀具、菜墩放置固定位置，便于使用，一切与作业过程无关的物品均应从灶台、料理台上清理干净。

（7）将临灶时使用的手勺放置垫碟上，以免手勺上油渍乱滴。

（8）将漏勺、过滤网笊篱放置油盘上面。

（9）开餐前半个小时，员工应佩戴好口罩，口罩要洁白干净平整，无污渍、污迹；每天进行一次消毒处理，不洗涤时可用紫外线灯进行消毒。

➤ 每餐工作结束后卫生整理

每餐工作结束后，必须对明档间的卫生进行全面、彻底的清洁、整理、消毒。具体步骤如下：

（1）调料汁盒、盆及漏勺、手勺、刀、墩等清洗干净，用于抹布擦干水分，放回货架固定的存放位置或储存柜内，手勺垫碟送到洗碗间进行清洗。

（2）将剩余的餐具送回餐具洗刷间储藏柜内。

（3）将灶台、料理台上及储存柜内、货架上的用品与工具清理干净后，分别先用湿抹布擦拭两遍，再用干抹布擦拭一遍，再将用品与工具摆放回原处。

（4）清除不锈钢水池内的污物杂质，用浸过餐洗净溶液的抹布内外擦拭一遍，然后用清水冲洗干净，再用干抹布擦干。

（5）明档橱窗玻璃按从内到外的顺序分别先用湿抹布擦拭一遍，除去灰尘，再用干抹布蘸酒精擦拭一遍。

（6）陈列菜品的台面按从上自而下的顺序分别先用湿抹布擦拭两遍，再用干抹布擦拭一遍。

（7）将垃圾箱内的盛装废弃物的塑料袋封口后，取出送共用垃圾箱内，然后将垃圾箱内外及箱盖用清水冲洗干净，用干抹布擦拭干净，把消毒液内外喷洒一遍，不用擦拭，以保持消毒液干燥时的杀菌效力。

（8）用笤帚扫除地面垃圾，用浸渍过热碱水的拖把拖一遍，再用干拖把拖干地面，然后把打扫卫生使用的工具清洗干净，放回指定的位置晾干。

（9）油烟排风罩按从内到外、自上而下的顺序先用蘸过餐洗净的抹布擦拭一遍，然后用干净的湿抹布擦拭一遍，最后再用干抹布擦拭一遍。

（10）明档内所有的墙壁，按自上而下的顺序先用蘸过餐洗净的抹布擦拭一遍，然后用干净的湿抹布擦拭一遍，最后再用干抹布擦拭一遍。

（11）将恒温箱内所有物品取出，关闭电源，使恒温箱自然解冻，然后用抹布反复擦拭2～3遍，使恒温箱内无污物水渍，再将物品放回原处，恒温箱解冻每周进行一次。

（12）所有抹布先用热碱水或餐洗净溶液浸泡、揉搓，捞出拧干后，用清水冲洗两遍，然后放入开水锅内加热煮10分钟，捞出拧净水分晾干。

（13）明档工作间卫生清理及安全检查工作结束后，打开紫外线消毒灯，照射20～30分钟后，将灯关闭，工作人员离开工作间，然后锁门。

细节69　厨房环境，随时清洁

➤ 厨房墙壁

厨房的墙壁常见有两种，一种是用瓷砖装饰的墙壁，另一种则是用喷塑与涂料粉刷的墙壁。

1.瓷砖墙壁

一般用湿抹布或浸润清洁剂沉沦的抹布全面擦拭即可，但要注意墙脚线较低位置的清洁，因为这一部分墙壁很容易溅染污水杂物等，所以在清洁除污时，也可采用软刷刮擦的方法。

2.喷塑、涂料粉刷墙壁

用吸尘器或扫帚进行清洁，对局部被弄脏，污垢严重的地方，可用湿抹布进行擦拭或把清洁剂喷洒墙壁或天花板上，用抹布擦拭。

如果使用吸尘器清洁墙壁要注意对墙壁上排气口部位的清洁，灰尘较厚的地方及无法用吸尘器除尘的墙角等处，可用软刷或干抹布擦拭。对用瓷砖装饰的下部墙壁，先用浸润清洁剂溶液的抹布自上而下擦拭一遍，再用清水洗涤的抹布擦拭干净。

➤ 门窗与防蝇设施

厨房的门窗也是比较容易沾染污物的地方，主要是工作人员领取搬运食品原料出入频繁，餐饮店的门主要包括门扇、门框、拉手、防蝇门帘等。

1.窗

（1）首先摘下纱窗，后用软毛刷蘸清洁剂溶液洗刷除去窗框、横梁、窗台、玻璃上的油渍、杂物、灰尘。

（2）用清水冲洗干净，用湿抹布将窗框、横梁、窗台擦拭干净。

（3）用不掉绒毛的软干布或吸水性能较好的纸巾把玻璃内外擦干水分，然后用干净抹布蘸酒精擦拭窗户上的玻璃。

（4）将清洁干净的纱窗安装在原来位置上。

2.纱窗

（1）摘下纱窗，用软毛扫帚将纱窗上的灰尘扫除。

（2）用软毛刷蘸清洁剂溶液洗刷一遍。

（3）用清水在水池内清洗干净。

（4）捞出纱窗，晾干。

3.拉手

（1）在开餐后每隔1小时清洁一次。

（2）拉手和拉手的周边地方，一般先用湿抹布擦拭一遍，以除其污迹。

（3）用干净的抹布蘸消毒剂擦拭一遍，达到消毒效果。

（4）再用干净的干抹布擦拭一遍，以免粘滑。

（5）每天最后一次擦拭时，用消毒剂擦拭后，不必用干抹布擦干，使其自然晾干，以保持干燥后的杀菌效力。

4.防蝇门帘

（1）清洁时间选在餐饮店非营业时间进行。

（2）每天用干净的抹布蘸消毒剂擦拭一遍，达到消毒效果。

（3）每月取下防蝇门帘，用消毒剂擦拭。

➤ 厨房地面

地面的清洁也是必须认真对待的问题，具体要注意的事项如下：

（1）粗加工、切配、餐用具清洗消毒和烹调等需经常冲洗场所、易潮湿场所的地面应易于清洗、防滑，并应有一定的排水坡度（不小于1.5%）及排水系统。排水沟应有坡度、保持通畅、便于清洗，沟内不应设置其他管路，侧面和底面接合处宜有一定弧度（曲率半径不小于3厘米），并设有可拆卸的盖板。排水的流向应由高清洁操作区流向低清洁操作区，并有防止污水逆流的设计。排水沟出口设计应防止有害动物侵入。

（2）清洁操作区内不得设置明沟，地漏应能防止废弃物流入及浊气逸出。

（3）废水应排至废水处理系统或经其他适当方式处理。

细节70　原料废物，分类处理

➤ 植物原料废弃物

厨房所产生的植物废弃物，主要来自于粗加工间对蔬菜的择洗，包括蔬菜的老叶、弃叶、不能食用的根茎，被剥离削下的外皮等，当然也包括久置没有使用完而变质的蔬菜，对于加工蔬菜而产生的废弃物应及时予以清理。

（1）在择洗加工蔬菜时，把废弃物分类装入垃圾箱，如把没有任何价值的根、皮及烂叶放在一起，把没有腐烂的老叶、菜帮等放在一起。

（2）蔬菜粗加工结束，即将根等没有价值的废弃物集中用塑料袋封好，运送到公共垃圾箱内。

（3）清洗垃圾箱及周围的地面，并进行消毒处理。

➤ 动物原料废弃物

厨房的动物类废弃物主要来自对鱼类、动物内脏等加工时所清理下来的部分，动物的内脏、弃皮、鳞等的本身因为含有大量的霉，在常温下很容易腐烂发臭，所以，清理下来的动物类废弃物一定要用专门垃圾箱盛装，并做到每隔一段时间清理一次，尤其是在夏季等气温较高的季节。更要随时清理，清理时要注意：

（1）严格密闭：盛放动物类废弃物的垃圾箱一定要有密封效果良好的盖，在随时放入垃圾箱后随时将桶盖盖严。

（2）及时清理：一般不要等到一个班次结束以后再清理，而要定时，随时清理，夏季要每隔 1 小时清理一次，确保垃圾箱无腥臭等气味。

（3）除污除味：每清理一次，都要将垃圾箱进行清洗除污除味，每个班次结束后连同放垃圾箱的周围地面消毒一次。

（4）动物类废弃物要及时用密封的垃圾车运送。

细节71　排污系统，定期清理

➤ 下水通道

下水通道的具体清洁程序与要求为：

（1）排污水系统必须保持完好无损，定期对下水通道进行清理，以保持排污水系统的畅通无阻。

（2）翻开窨沟翻盖或窨井盖，用铁铲铲除粘附在阴沟内或漂浮在窨井内的污物，用硬毛刷洗刷。

(3) 阴沟盖及窨井盖也将粘附在上面的污物清除干净，用硬刷蘸碱水洗刷。

(4) 用清水将阴沟与阴盖一起冲洗干净，冬季用热水冲洗干净。

(5) 盖上阴沟翻盖与井盖，将阴沟和窨井周围的地面清洗干净。

(6) 夏季在每天工作结束后，对阴沟及窨井盖进行彻底的清理，防止污水逆流及滋生微生物，病菌及蚊蝇等。冬季一般可每周清理 2 ～ 3 次，也可根据排污系统的实际情况进行定期清理。

(7) 日常的使用过程中保持无臭味，无阻塞现象，阴沟盖及窨井盖面无污物，无油渍，清洁干爽。

➤ 油烟排风设备

油烟排风设备的具体清洁程序与要求为：

(1) 油烟排风设备按从内到外，自上而下的顺序先用蘸过洗洁剂的抹布擦拭一遍，然后用干净的湿抹布擦拭一遍，最后再用干抹布擦拭一遍。擦拭的方法有两种，即常规性擦拭与一次性擦拭，常规性擦拭是指厨房在工作中，确定固定人员，按时对油烟排风设备进行擦拭，擦拭时使用干净的抹布，由内而外，由上而下擦拭一遍，一般每隔 30 分钟擦拭一次即可。

(2) 油烟排风管道内的排风扇及管道口处的引风机，也要定期进行除尘清洗。

(3) 油烟排风罩每天班后彻底擦拭一次，每周彻底清洗一次。方法是先用蘸有洗涤液的抹布，把油烟排风设备从内到外擦拭一遍，然后再用干净的抹布把油烟排风设备从内到外擦拭两遍，确保油烟排风设备干净卫生。

细节72　厨房设备，清洗干净

➤ 冰柜

1.卫生要求

(1) 冰柜的温度要恒定，不能忽高忽低，否则微生物容易繁殖。

(2) 要根据原料与熟饭菜的性质确定保藏的时间。

（3）生、熟食品要分别保藏，不能混放在一起，熟食要经过降温后再放入。

（4）食品原料放入前要清洗干净，经初加工后放入。

（5）对存放的食品原料要按品种、档次分开，有血水的原料放置下层，干爽的放上层。

（6）存放在冰柜中的原料也要遵循先放先用的原则。

2.清洁程序

（1）冰柜要定期除霜，确保制冷效果，除霜时溶解的冰水不能滴在食品原料上。

（2）冰柜要定期清理、洗刷，夏季至少每 10 天洗刷一次，冬季至少每 30 天洗刷一次。

（3）除霜时，先将冰柜内的货品移至其他冷藏柜内储存，然后关闭电源，打开冰柜门，使其自然溶化，用抹布将冰水擦拭干净，然后换用另一块干净的湿抹布把冰柜内外擦拭一遍，晾干冰柜内水分后，接通电源，将原来存放的货品移至冰柜内。

（4）清洗冰柜时，基本与冰柜除霜的程序相似，只是要把冰柜内的所有可以动的货架、食品盒等全部取出，再把货品移至冰柜内。

（5）冰柜的外表应每天班后用湿抹布擦拭一次，以保持外表的清洁，延缓外表老化程度。

➤ 炉灶

厨房里有各种各样的炉灶，如炒菜灶、电烤炉、蒸炉、煲仔炉等，各种炉灶虽然属于高温设备，但也不能忽视对它们的卫生管理。

1.燃油、燃气炒灶

（1）待炉灶晾凉后，用毛刷对燃油、燃气的灶头进行洗刷除污，使其保持通油，通气无阻，燃烧完好。

（2）清除燃火灶头周围的杂物。

（3）把灶台上的用具清理干净，用浸泡过清洁的抹布将灶台擦拭一遍，再用干净的湿抹布擦拭干净。

（4）用抹布把炉灶四周的护板，支架等一一擦拭干净。

2.蒸灶、蒸箱

（1）蒸灶是指传统的用笼屉蒸制菜肴、面点的烹饪设备，清洁时将笼屉取下，用清水冲洗笼屉内外，如果笼屉内有粘在上面的食品渣等，可用毛刷洗刷，再用清水冲洗干净，控干水分，然后将蒸锅和灶台洗刷干净放上笼屉。

(2) 清洁蒸箱时，应先从蒸箱内部清洗，用毛刷将蒸箱内的隔层架，食品盒洗刷，除净杂物、食品渣，用水冲洗干净，放净箱内存水，用抹布擦拭干净，然后用抹布将蒸箱外表擦拭干净。

3.电烤箱

(1) 断开电源，将晾凉的烤盘取出，用铁铲铲除烤盘上的硬结食品渣、焦块等。

(2) 洒上适量餐洗净溶液浸泡 10 ～ 20 分钟，用毛刷洗刷烤盘内外，用清水冲洗干净，再用干抹布擦拭干净，将烤箱内分层板上的杂物，食品渣清扫干净，将远红外管上的粘结物用干毛刷垫子扫除干净，最后将烤箱外表擦洗干净。

4.微波炉

(1) 先关闭电源，取出玻璃盘和支架，用清洁剂浸泡清洗，用清水冲洗干净，用干抹布擦抹干水分，然后用蘸过餐洗净溶液的抹布擦拭微波炉内胆及门，除净油渍杂物，再用干净的湿抹布擦拭干净，晾干后依次放入支架和玻璃盘。

(2) 最后用湿抹布将外表擦拭干净，擦拭触摸式温控盘时，要注意动作轻些，以免损失温控盘上的按键。

➤ 灶上用具

炉灶，特别是炒菜灶上的烹饪用具，品种比较繁多，常用的就有炒锅、锅铲、铁筷子、漏勺、锅垫、油缸等，一般都是金属制品，比较容易清洗，具体的使用、清洁一般要经过以下四个步骤。

(1) 清洗。将灶上用具放入按比例调制的洗涤剂水溶液中，对灶上用具进行彻底的洗刷，以除去灶上用具上的污物、油渍等。

(2) 冲刷。把清洗过的烹饪用具用流动的净水将用具上的洗涤液冲洗干净。

(3) 消毒。灶上用具的消毒一般采用煮沸或蒸气消毒的方法，可将灶上用具放入 100℃的水中或 100℃的蒸气中加热 5 分钟以上。

(4) 存放。将消毒过的灶上用具晾干后放入专用的橱柜内存放，并确保橱柜是干净卫生的，以免造成灶上用具的再次污染。

➤ 调理台用具

调理台的用具有盛装生料的料盘及盛装各种调料的料罐，这些用具非常容易形成交叉污染，因此每餐用后一定要进行严格的清洁处理，特别是盛装调料的盆罐，收台时，必须将剩余的调料倒出，把料罐进行认真的清洗，消毒后放置专门的柜内存放，清洁的一般步骤如下：

（1）清洗除污。将所有用具放入按比例调制的餐洗剂溶液中，对调理台用具进行彻底的清洗，以除去用具上的污物、油渍等，如果调料盒等用具上有硬结物，则应用热水浸泡变软后，再用硬毛刷蘸清洁剂将污物清除洗净。

（2）冲洗除清洁剂液。把用清洁剂溶液清洗过的用具用流动的净水将用具上的洗涤液冲洗干净，如果是在洗涤盆中冲洗，则要至少换清水 3 次冲洗，以确保用具上的清洁剂没有残留。

（3）消毒灭菌。调理台上的用具洗涤干净后一定要进行消毒灭菌处理，消毒一般采用煮沸或蒸气消毒的方法，可将用具放入 100℃的水中或 100℃的蒸气中加热 5 分钟以上，如果是塑料等不耐高温的用具，则应使用消毒清洁剂或高锰酸钾溶液进行消毒处理。

（4）卫生存放。将消毒过的调料盒等用具晾干后，放入专用的橱柜内存放，并确保橱柜是干净卫生的，以免造成调理台用具的再次污染。

细节73　洗涤间，需注意卫生

餐具洗涤间的卫生主要包括餐具卫生、洗碗机卫生及废弃物处理与地面卫生等，餐具洗涤间的卫生清洁要点主要有如下几个方面。

（1）餐具柜。也称保洁柜，是存放经过洗涤、消毒后的干净餐具的，在使用前必须经过的清洗、晾干与消毒处理，并要保持每天或定期进行消毒处理，柜内不得存放其他物品，必须专柜专用。

（2）洗碗机。洗碗机是将餐具的清洁、洗涤、消毒、烘干等环节融为一体的机械化现代设备，使用中同样需要对机器经常清洗，最好是每次用完后彻底清洗一次，以清除残留的污垢、油渍等，特别是洗碗机底部，很容易残留污垢，应定期进行消毒处理。

（3）废弃物。餐具洗涤间的废弃物要用专门箱盛装，特别是剩余的饭菜、汤汁等，在较高的温度环境下很容易腐烂变质，应随时处理并清洗专用的垃圾箱等，如果使用的是专用垃圾袋则要及时封袋、及时处理，餐具洗涤间的地面、墙壁等卫生，也要随时清洗，并定期进行消毒处理。

(4) 水槽、脚踏板等每次洗涤结束后，都要用消毒清洁剂进行洗涤处理，保证无毒无菌。

(5) 排污水系统，如果窨沟是装有翻盖的，应每天把窨沟连同翻盖彻底清理一次，如果窨沟是密封的，则每天应对窨井井口处进行除尘处理，以确保排污水系统的畅通无阻

(6) 洗涤池要标明蔬菜洗涤池、荤菜洗涤池，禁止蔬菜、荤菜滥用洗涤池。

相关链接

怎样对餐具进行洗洁与消毒

餐具是指包括一切与进食时有关的各种器皿，如盘、杯、碗、碟、匙、筷等，这些餐具均应进行严格的洗涤、消毒处理，并能够得到完善的存放。餐具的洗涤，消毒目前包括手工操作与机器洗涤两种，手工洗涤的步骤一般应包括预洗、清洗、冲洗、消毒、干燥、存放等。

1.预洗

预洗的目的在于刮去脏物，可用木制刮板将餐具内的剩余饭菜清除干净，然后用莲蓬式喷头以温水冲去油渍，清除餐具上的附着物，同时为了保证洗涤的效果，把餐具按不同的种类分开，可以有效地节省洗涤剂与用水量。

2.清洗

清洗主要是为了除净附着在餐具上的油渍污物，并起到初步减少细菌的作用，但没有杀菌效果，清洗的效果取决于洗涤的方法、操作规程、洗涤设备、用水量、水温、洗涤剂的种类与浓度、洗涤的时间等因素。手洗一般是在水池内加入温水，按比例加入洗涤液，将预洗过的餐具放置水池内，经过一段时间的浸泡后，用软布依次将餐具内外洗涤干净。

3.冲洗

冲洗的主要目的是洗去洗涤液，操作时将从洗涤液中洗涤过的餐具流动的清水将餐具上的洗涤液冲洗干净，最好是用流动水冲去洗涤液。

4.消毒

餐具洗净后的重要工作就是进行消毒处理，消毒的目的是为了确保餐具上的微生物杀灭干净，以保证餐具的卫生安全。现在，餐饮店常用的消毒方

法主要有以下几种：

（1）水煮。在100℃的水中将餐具煮10分钟。

（2）气蒸。在100℃以上的蒸气中将餐具加热5分钟以上。

（3）氯液。在万分之二的游离氯水溶液中，将餐具浸泡10分钟以上。

（4）干热。在110℃的干热环境中加热10分钟以上。

（5）微波，在微波内用高火力加热2分钟以上。

5.干燥

干燥就是把带水的餐具去净水分的过程，一般将消毒后的餐具以倒置状态控干或晾干水分，有条件的可用烘干机等设备将餐具上的水分去干净，使餐具保持在干燥状态。

6.保存

将经过干燥处理的餐具，放入专用的餐具柜内存放，存放餐具的柜子也应该先进行消毒处理，以免干净的餐具被再度污染。

细节74　不同砧板，分类使用

砧板，也叫菜墩、菜板，若是使用不当，或者未清洗干净，很容易导致食品原料与饭菜成品之间的交叉污染，因此必须加强对砧板的卫生清洁工作。

➤ 砧板应严格分类使用

由于食品原料的来源不同，所含微生物的种类也不一样，因此有条件的餐饮店应配备适应不同原料种类的砧板，如用于蔬菜、水产、畜禽的砧板应分开，尤其是切割生料与切割熟品的砧板绝对不能混用，不同用途的砧板应标示清楚。

➤ 清洁程序与要求

（1）使用后应及时清洗、消毒。无论是木质的，还是合成的塑胶砧板，每次使用后都要充分加以清洗，然后进行消毒处理。

（2）砧板的清洁消毒应在每餐供餐结束进行一次，特别是用于熟品切割的砧板，一定要保证每餐进行一次消毒杀菌处理。

(3)消毒后的砧板应在专门的地方(无污染可能的环境)存放,存放时要侧立起来,以避免底部受潮或切配台台面的污染,并在砧板上覆盖防蝇防尘罩之类的设备。

➤ 消毒方法

砧板的消毒方法是:

(1)使用85℃以上的开水将砧板的两面冲烫。

(2)把洗刷干净的砧板放置日光下暴晒1～2小时。

(3)把洗刷干净的砧板放入氯水中浸泡30秒,捞出晾干。

(4)用医用消毒酒精溶液擦拭砧板的两面,进行消毒处理。

(5)把砧板放在紫外线灯下开灯照射20～30秒。

细节75　厨房抹布，严格消毒

在厨房所有的工具中，厨师手中的抹布是使用频率最高，也是卫生状况最差的用具，抹布最容易造成微生物的传播与污染的用具。厨房有些菜品形成的有害物质的交叉污染，往往也是由厨师手中的抹布引起的，因此必须对抹布的清洁卫生和消毒处理进行严格的管理，每次使用结束后，必须及时进行严格的洗净与消毒处理。

➤ 热碱水洗涤

将抹布先用热碱水煮沸，浸泡5分钟以上，然后搓洗捞出，用温清水反复洗净碱液为止，拧净水分，再放于100℃的沸水煮5分钟以上，捞出拧净水分晾干。

➤ 用洗涤剂洗涤

将抹布蘸上一定量的洗涤剂或洗涤剂水溶液，经过浸泡与搓洗后，再用清水反复洗净，然后在100℃的沸水煮5分钟以上，或在100℃以上的蒸气中加热5分钟以上，取出后晾干。

➤ 水洗微波消毒法

用一般中性清洁剂溶液将抹布反复搓洗，除净油渍污秽，然后用清水冲洗两遍，拧净水分，放入微波炉食品盘上，用高火力加热2～3分钟取出晾干。

细节76　厕所卫生，必须重视

有的餐饮店外装修很有特色，大厅内服务员穿戴整洁，厨房收拾得也很干净。但是洗手间内，地上污水横流，便池内十分肮脏，用过的卫生纸丢得满地都是，刺鼻的气味让人不得不屏住呼吸，只想尽快逃离。

对于这样的洗手间，顾客从洗手间出来后，很难再有食欲。这样的卫生状况，当然也很难吸引回头客？

对于许多餐饮店，往往所有的环节都重视了，但是却忽视了洗手间。往往是严重的便池内排泄物无人冲洗，情况相对较好的，刺鼻的气味也让人生厌。

顾客需要舒适的就餐环境，但很多中小餐饮店对一些细节不太重视。在激烈的市场竞争中，中小型餐饮店只有向大型餐饮店学习，加强细节服务，这样才能不断壮大。

卫生间设置一般与更衣室相邻。卫生间应装有洗池，备有消毒洗手液、肥皂，以便顾客洗手消毒。

相关链接

营造“厕所文化”

厕所二字说起来似乎有些不雅，但是谁都无法离开，尤其是在一些大型餐饮店，人流密集，更是不可缺少。而且，体现着档次和文明。近年来，许多品牌餐饮店的厕所也开始变得“文化味道”浓起来。

有一家餐饮店厕所里的环境非常舒适，不仅装修很有档次，冲厕全部应用自动冲洗设施，还有舒缓的音乐听；墙壁上还十分得体地挂着一些或幽默、或古色古香的壁画，让人感觉仿佛不是在上厕所，而是进了一间小小的艺术坊，厕所里处处洋溢着一种轻松温馨的氛围。

厕所不应只是解决人们内急的场所，还应是人们放松身心、休闲的地方。餐饮场所用餐，消费者的心情快乐而温馨，但当进入厕所，突然感觉到气味恶劣和环境一团糟时，快乐心情无疑会受到影响。

如今许多餐饮店厕所多数配备了自动冲洗设备，清洁卫生。此外，一些还别出心裁地装点了绿草、壁画等配套设施，加上循环播放的舒缓音乐，让人备觉温馨。

对于厕所，每隔一定时间会安排管理人员清理检查，努力为顾客营造舒适悠闲的用厕环境。对音乐的选择安排也要讲究，早上以播放轻音乐为主，中午和晚上人多的时候可以选择欢快的曲子。

细节77　菜品烹饪，注意卫生

菜品加工过程中的卫生质量，直接关系到菜品成品的质量标准，由于烹饪原料及制作方法的不同，各工序必须严格遵守操作规程，不仅要注意在烹调过程中对原料中营养素的保护，更要注意菜品制作过程中的卫生要求，一方面要注意最大限度地减少污染，同时还要避免异物的混入，另一方面要注意保护原料的营养素不受破坏。

➤ 对原料进行严格的卫生质量检验

（1）餐饮店应对准备加工的食品原料，半成品进行感官检查。

（2）必要的时候要对批量的食品原料进行理化检验，不符合国家卫生标准的原料一律不能进行烹调加工，把好原料卫生质量检验关。

➤ 科学解冻食品原料

（1）冷冻的食品原料在解冻时，应经过缓慢的解冻后再进行烹制。

（2）解冻后的食品原料应一次使用完，不准二次冻结，以免影响原料的质量。

➤ 加热过程严格管理火候

（1）菜品在烹制加热过程中，要特别注意管理加热时火力的强弱与加热时间的长短，尽可能注意不要把菜品烧焦或烤煳，以防止化学性污染物的形成。

（2）如因不慎将菜品烧焦，应在食用前除去烧焦部位。

➤ 菜品加热时用火要均匀

（1）菜品制作加热时，应使食品原料均匀受热，尤其要注意块大、形整及较厚的菜品，一定要烧熟煎透，防止外熟里生，甚至外焦煳而内不熟的现象发生。

（2）半生半熟的菜品也不可以过夜，如果未加工好，考虑直接除去，从根本上保证菜品的卫生质量。

➤ 生、熟食品一定要分开存放

（1）无论是在菜品的加工烹制，还是菜品原料及菜品成品的存放时，餐饮店都应严格执行生熟食品隔离的原则，以防止食品的交叉污染，避免熟的菜品食品被生的食品原料进行再次污染。

（2）可以考虑在托盘的把手处，标示不同的颜色加以区分和警示，比如在托盘的把手处插上颜色记号，红色代表生料，蓝色代表半熟品，绿色代表熟品。

➤ 尽量缩短加工时间

（1）由于菜品食品长时间暴露在空气中，加之手工操作与各种工具的使用，会使菜品因细菌大量繁殖而造成食品污染变质，因此，从业人员应特别注意菜品加工时的环境卫生，尽可能地缩短加工时间，尤其是冷荤菜肴的制作，要做到随制随销，现做现卖，以销定产的原则。

（2）有些必须隔夜的菜品制品或半成品，在使用前必须充分加热，经严格的杀菌消毒后才能销售或食用。

➤ 保持良好的环境卫生

（1）做好菜品加工制作场地和用具的清洁消毒工作，保持室内空气新鲜，严防尘土飞扬。

（2）熟食品存放时应加罩或盖，以防微生物污染。

（3）凡接触过或盛放过熟食制品的用具和盛器，要做到每使用一次消毒一次。

➤ 严格盛装时的卫生要求

（1）菜品食品装盘之前，盛器必须经过严格的洗净消毒处理。

（2）装盘时手指要保持清洁，并且不要与菜肴发生接触。

（3）装盘时还适当防止菜肴和卤汁外溢，如果溢出盘外，一般不要用抹布擦拭盘边，正确的处理方法是另换一只盘盛装。

➤ 妥善保管剩余原料

（1）对已打开的并已使用的经过严格卫生包装的食品原料及半成品，以及冲制后的蛋、乳制品及其糊浆、调料汁等原料，预制时尽可能根据当天的业务量需要加工。

（2）允许现制现用的可以随时根据需要加工或开启包装，应一次使用完。

细节78 菜中异物，严格控制

顾客在进餐时，经常会在菜品中发现异物，这也属于食品卫生质量的范围，当然食品中异物的混入与食品的微生物污染是有一定区分的。

常见异物金属类异物，如小型螺丝钉、大头针、钢丝、纸片、纸屑、头发、布条、线头之类、杂草，木屑、碎玻璃渣、瓷片，及小型动物的尸体，如苍蝇，蚊虫等。

➤ 严格作业时的操作规程和卫生质量标准

（1）原料初加工的过程，一定要将杂物剔出干净，尤其是蔬菜类的择洗加工。

（2）切割好的原料放置专用料盒中，并加盖防护盖，避免落入异物。

（3）切割原料时，对抹布的使用要特别注意，避免线段等混入菜料中。

（4）所有菜肴在从厨房到餐饮店的传递过程中，要加盖防护盖。

（5）洗涤器具时使用的钢丝球、丝网一定要严格管理，避免将断下的钢丝混入菜品中。

（6）后勤人员维修保养烹饪设备时，要严禁将螺丝钉、电线头等乱扔乱放。要准备专用盒子存放，如有遗失应及时寻找，以防混入食物。

➤ 加强对厨房、餐饮店废弃物的管理

（1）所有的废弃物必须使用专注设备存放，并且要加盖防护。

（2）派专人按时对垃圾箱的废弃物进行清理。

（3）餐饮店内设有专门的隐藏式废弃物桶，严禁服务人员将废纸巾、一次性用品等乱扔乱倒，尤其要禁止将餐饮店内的废弃物与餐具混放在一起。

➤ 加强对菜品卫生质量的监督与检查

（1）从初加工、切配、烹制到上菜等环节的岗位员工，必须对原料或菜品成品认真检查，杜绝一切可能混入菜品中的杂物。

（2）每下一道工序或环节对上一道工序或环节的卫生质量进行监督，发现卫生质量问题，立即退回重新加工处理。

（3）建立卫生质量经济责任制，餐饮店管理人员对菜品中发生的异物，杂物的混入事件要进行严肃处理与经济处罚，以引起全体员工的重视。

细节79　采购验收，严格把关

➤ 做好采购，从源头进行控制

餐饮店服务人员应该采购卫生的、可以食用的食品，并从正规的商业渠道进货。采购环节要做到以下卫生要求：

（1）必须对所采购的物品负责。

（2）原料处于良好的卫生状态，没有腐败，污染和其他感染，食品的来源必须符合有关卫生标准和要求。

（3）无生产厂址、无生产厂名、无生产日期的食品应禁止采购。

（4）国家明令禁止的动物，植物必须严格按卫生部门的要求禁购。

(5) 购进的活禽必须按相关规定宰杀加工。

(6) 对无视食品安全法，以工业色素为食品染色，以福尔马林浸泡变质食品，以超标准的添加剂，防腐剂保鲜食品，这类食品坚决不能采购使用。

➤ 验收，把好质量关

为确保货物达到质量标准，验收肉类和家禽类的员工应依照采购说明书中的规格对所有到货进行检查，并核实是否有国家相关部门的“检验”标签情况。以下是验货的通常做法：

(1) 按照存货目录检查质量、卫生程度和标签说明。

(2) 对产品的内部温度和敏感质量进行评估。

(3) 对照企业的采购说明书和采购申请单核实进货。

(4) 按照质量说明、数量和价格检查供货商的送货发票是否符合要求。

(5) 建立严格的验收制度，指定专人负责验收。

(6) 当发现有不符合卫生要求的原料时应拒绝接受，并追究采购人员的责任。

细节80　食材储存，有效管理

➤ 卫生要求

(1) 验货后应当马上储存，并将食品盖起来，否则食品就会干枯或者吸收异味，储存柜上方也有可能落下碎物或其他物品到未加盖的食品中。把冷冻的食品放在原装器皿里，因为原来的器皿一般是保温防蒸发的，常用的食品如面粉、玉米粉、大米等应存放到防锈和防腐蚀的器皿里，并且盖紧盖子，不要使用铁制容器，这些容器难以清洗消毒和维护。

(2) 食品要存放在远离墙面和下水管道的地方，上架时应注意离墙面至少 6 厘米，离地面至少 18 厘米，以确保空气流通。同时架子应干净整齐，但不要在架上铺垫纸张或其他东西，因为这些东西会阻止空气的流通。

因为形状大小问题而不适合储存在架子上的食品，应该存放在可移到的车上或滑车上，不要放在地板上，这些东西即使是装在容器里，也绝不能放在地板上，因为容器是要拿到餐饮店柜台上打开的，所以容器的底部便不允许有任何污染餐饮店柜台的脏东西。

（3）冷藏食品的温度要根据物品的不同情况来决定，一般来说，应该缩短食品在冰柜里的时间，冷藏柜的温度应该保持在 5℃，相对湿度保持在 80% ~ 90% 之间，冷冻柜的温度应当是 −18℃或者更低。

不需要冷藏或冷冻的食物成品应该存放在良好通风条件的、干净、凉爽、防潮的地方，而且应避免虫子和老鼠的侵害，鼠类是可以直接把疾病传播给人类或通过体外寄生虫，污染了食品传播给人畜。存放干净的应当保持在10℃～21℃之间。相对湿度保持在50%～60%之间。

➤ 储存

（1）食品要上架，离地面至少 18 厘米，离墙面至少 6 厘米。

（2）注重储存环境的温度和湿度，相对温度、湿度应当符合以下要求：

干货储存——温度10℃～21℃：相对湿度50%～60%。

冷藏储存——温度5℃或者更低；相对湿度80%～90%。

冷冻储存——温度−18℃或者更低。

（3）把新的存货清单与老的存货清单放在一起作为先进先出的依据。

（4）严格管理对储存时间和温度都有要求的食品。

（5）对再次冷藏的剩余食品要注上首次储存的日期。

（6）把容易腐烂和可能会坏掉的剩余食品放在深度不超过 12 厘米的锅里冷藏，然后在 24 小时之内使用或者扔掉。

（7）保存好存货物品以免交叉感染。

（8）有包装的食品不要存放在可接触到水的地方或冰块上。

（9）有毒的化学制剂（清洁剂、卫生用品以及杀虫剂）应当单独存放于远离食品、而且可以上锁的地方。

（10）扔掉所有已损坏的物品和那些有异味或已变色的食品。

（11）保留好所有损坏食品的记录，这样可以查找问题的所在和需要完善的不足之处。

（12）在储存期间可使用感官检查（如闻、看、触）存货，管理存货质量。

（13）不要把即将变质的食品和其他食品放在一起。

（14）不要把熟食品放在生食品上。

细节81 工作人员，定期体检

➤ 新进工作人员

根据《中华人民共和国食品安全法》的规定，所有想进入食品加工，餐饮店业的人员，必须在进入前接受卫生防疫部门的个人健康检查。

1.检查目的

（1）判断是否适合于从事餐饮店或其他食品加工作业。

（2）依据个人的身体健康状况，进入企业后安排适宜的工作岗位。

（3）作为从事餐饮店经营的企业自己及卫生防疫管理部门健康管理的基本内容。

2.检查的项目

一般包括以下几个方面：

（1）新进工作人员的个人经历调查。

（2）是否患有传染性病史与自觉性症状。

（3）身高、体重、视力、色盲、听力等检查。

（4）抽血样进行乙肝病菌的检查。

（5）大便的细菌检查。

（6）做血压、尿样、胸部 X 光等常规检查。

➤ 工作人员定期健康检查

定期对餐饮店、食品行业工作人员进行健康检查，其主要目的是为了及时了解工作人员的身体健康变化情况，是否在工作过程中传染性疾病病菌污染，以便随时发现问题，解决问题，也便于工作人员本身随时了解自身的健康状况。

定期健康检查的项目基本与新进工作人员的检查项目相同，重点是对传染性疾病及是否是传染性疾病病菌携带者的检查，如果发现有人患有了《中华人民共和国食品卫生法》“第十六条”中规定的疾病种类，或成为某种传染性疾病病菌的携带者，就应立即调离食品加工岗位，或进行疾病治疗，或从事与食品行业无关的工作。

相关链接

手部清洗与消毒

餐饮工作人员的手部经常与菜品、餐饮具等进行直接接触的，是传播有害微生物的主要媒介，所以，员工手部的清洁卫生是非常重要的一个环节，确保餐饮工作人员手部卫生的唯一方法就是养成良好的洗手习惯。

1.需要洗手的时机

餐饮工作人员在以下情况下必须要洗手：

（1）工作前或工作期间需要保持手部绝对清洁时。

（2）休息，进餐及喝水或饮料后。

（3）从事个人活动后，例如抽烟后等。

（4）打喷嚏、咳嗽或上完厕所后。

（5）接触生的食品、肉类、带壳禽蛋或生鲜农产品后。

（6）用手接触了鲜活的各类水产品后。

（7）处理脏的碗盘、器具或其他设备后。

（8）处理垃圾，清理或从地面捡拾物品后。

（9）使用洗涤剂或化学药品后。

（10）接触其他污染源后，例如电话、钱币、门把手以及脏的抹布等物品后。

2.正确洗手的方法

（1）先以水完全湿润手部。

（2）擦上肥皂或洗涤剂，如果使用肥皂，必须把使用后的肥皂用水冲洗，再放回肥皂盒中。

（3）两手心相对相互摩擦。

（4）用右手心叠在左手背上，自手背至手指相互揉搓擦拭，再以左手心叠在左手背上，同样的擦拭揉搓，也可用软毛细刷子分别洗刷双手的手指部位。

（5）用力互搓两手的全部，包括手掌，虎口与手背。

（6）用拉手的姿势，擦洗指甲。

（7）然后，将布满肥皂沫的手放流动的水管下，冲去肥皂或洗涤液，洗净双手。

（8）用纸巾擦干净双手，或用干手器烘干双手。

细节82　员工患病，及时报告

餐饮工作人员应具有健康意识，懂得基本的健康知识，保持身体健康、精神饱满、睡眠充足，完成工作而不觉得过度劳累。

如感不适，应及时向主管报告，如呼吸系统的不正常情况（感冒、咽喉炎、扁桃体炎、支气管疾病和肺部疾病）、肠疾（如腹泻）、皮肤炎症、溃疡等疾病和受伤情况（包括被刀或其他利器划破和烧烫伤）等。

【案例】

某餐饮店突然有50多人集体发生食物中毒，上吐下泻，造成极大的社会影响。照理说，冬季用餐应该比较安全，为何会发生这一事件呢?

原来是某位烹饪工作人员的右手在前几天割伤了，但没有作妥善的包扎处理，致使伤口被细菌感染，并且在烹饪时流散于蔬菜上，造成了多人中毒。

相关链接

员工必须暂时离岗情形

为了确保菜品加工时避免交叉污染，从业人员，尤其是从业人员在下列条件下必须暂时离岗：

（1）生病。当员工患有感冒、腹泻、过敏性皮炎等疾病时，就应暂时离岗，治愈后再重新上岗。

（2）割伤、擦伤及烫伤。当员工身上有被割破、擦伤或被开水、油等烫伤之后，应进行及时包扎。如果伤口部位是在手部或是伤口被细菌感染时，则不能上岗工作，必须暂时离岗，等恢复后再重新上岗。

（3）护理传染性疾病家人。如果从业人员的家庭成员中有因传染性疾病（如肝炎等）住院治疗，而且本人又经常需要到医院照顾护理时，则应暂时离开餐饮店，待家人的病治愈后，当事人经过检查后确保没有被传染时，才能重新上岗。

参考文献

[1] 马俊英．怎样开一家赚钱的餐馆．北京：中国商业出版社，2003．

[2] 吴一夫．开店、管店、转店．北京：中国言实出版社，2006．

[3] 曾郁娟，黄华．餐馆投资百问百答．北京：中国物资出版社，2005．

[4] 王穗萍．中餐服务指南．广州：中山大学出版社，2005．

[5] 曾郁娟．餐馆赢在细节．北京：中国物资出版社，2007．

[6] 张世琪．餐馆卖场设计．沈阳：辽宁科学技术出版社，2002．

[7] 陈企华．决定开餐厅盈亏的18个关键．北京：中华工商联合出版社，2007．

[8] 罗光明，赵建民．餐饮管理运行细则．沈阳：辽宁科学技术出版社，2007．

[9] 罗光明，赵建民．连锁餐饮加盟与管理．沈阳：辽宁科学技术出版社，2007．

[10] 陈树．餐饮服务员岗位职业技能培训教程．广州：广东经济出版社，2007．

[11] 田均平等．如何开家餐馆．北京：化学工业出版社，2011．

[12] 滕宝红．中餐服务员岗位作业手册．北京：人民邮电出版社，2008．

[13] 滕宝红．点菜员岗位作业手册．北京：人民邮电出版社，2008．

[14]《星级酒店服务培训指南》丛书编委会．星级酒店餐饮服务员培训．北京：中国时代经济出版社，2006．

[15] 尹刚．优秀餐饮服务员工作技能手册．北京：中国时代经济出版社，2007．